네 다리는 초콜릿 다리야!

교실 속 다문화 이야기

네 다리는 초콜릿 다리야!
교실 속 다문화 이야기

지은이 박선아 김여름

발 행 2019년 10월 10일
펴낸이 김영식 김정태
펴낸곳 좋은교사운동 출판부
출판등록번호 제2000-34호
주 소 서울특별시 관악구 남부순환로 218길 36, 4층
전 화 02-876-4078
이메일 admin@goodteacher.org

ISBN 978-89-91617-58-2   03370

www.goodteacher.org
ⓒ 박선아 김여름 2019

좋은교사 연구실천 프로젝트 X 24

네 다리는 초콜릿 다리야!

-교실 속 다문화 이야기-

박선아 김여름

좋은교사

교육 난제는 현장 교사가 풉니다!

임진왜란 때 선조가 이순신에게 총공격을 명령했지만 이순신은 적의 유인 전략이라 판단하여 공격하지 않았던 일이 있습니다. 이로 인해 이순신은 관직을 박탈당했고, 대신 출정한 원균의 군대는 전멸하고 맙니다. 현장의 상황을 모르고 내린 결정이 얼마나 어처구니없는 것인지를 보여주는 사례입니다.

"초등학교 사회 교과서는 대학생 교재보다 어렵습니다. 왜냐하면 그 많은 내용 요소를 압축적으로 구겨 넣어 놓았기 때문이죠. 이런 교과서를 만든 사람이 한번 가르쳐보라고 하고 싶네요."

수업에서 학생들에게 배움의 기쁨을 누리게 하고 싶다는 것은 모든 교사들의 소망이지만 현장의 상황을 모르고 내려오는 교육과정과 각종 사업 등 수많은 장애물들이 우리의 발목을 붙잡고 있습니다.

"현장에 답이 있다"는 말을 많이 합니다만 교육정책을 좌우하는 관료, 교수, 정치인들은 현장 교사들의 목소리를 귀담아 듣지 않습니다. 이렇게 된 데에는 우리가 교육전문가로서의 교사의 역할을 적극적으로 찾지 못한 책임도 없지 않습니다.

이제 현장의 교육전문가인 우리 교사가 나서야 합니다. 우리 교육에는 수많은 난제가 산처럼 버티고 있습니다. 우공이산(愚公移山)의 결기로 우리 모두가 이와 씨름하는 일이 개미떼처럼 집단적으로 일어나야 합니다. 그러한 노력들이 격려되고, 공유되고, 확산될 때 우리 교육은 아래로부터 변화되어갈 것입니다. 이 과정은 교육전문가로서의 교사 성장에 큰 도전이 될 것입니다. 이를 통해 수동적 전달자가 아닌 능동적 연구실천가로 성장하게 될 것입니다.

좋은교사운동은 우리 교육의 난제를 현장 교사들의 힘으로 풀어나가는 프로젝트를 시작했습니다. 이름하여 "좋은교사 연구실천 프로젝트 X"입니다. X는 난제를 뜻합니다. 이제 X를 붙들고 고민한 결과가 세상에 모습을 드러냈습니다. 그 동안 바쁜 학교생활 가운데서도 시간을 쪼개어 문제와 씨름하는 노고를 감당하신 선생님과 멘토와 행정적인 모든 수고를 감당해주신 사무실의 간사님들과 연구위원장 선생님께 존경과 감사의 뜻을 전합니다.

- 사단법인 좋은교사운동

**다문화 학급을 담당한 교사의 솔직한 이야기를 통해
많은 감동과 재미를 느낄 수 있는 책!**

최근 우리나라는 인구 감소 현상과 함께 다문화 인구가 점차 늘고 있다. 그런데 다문화 아이들에 대한 사회적 관심은 상대적으로 낮은 편이다. 경제적으로 어려운 다문화 부모들의 바쁜 삶으로 인하여 자녀들에 대한 교육적 관심과 배려는 부족할 수밖에 없다. 다문화 아이들이 경험하는 한국은 무엇인지, 고민이 무엇인지, 삶이 무엇인지 이 책을 통해 엿볼 수 있다.

이 책은 저자가 다문화 학급 담임 교사로서 이 년 동안 다문화 아이들과 함께 생활하면서 일어나는 다양한 에피소드를 담고 있다. 일단 이 책은 재미가 있다. 책 속에 등장하는 페버, 임마누엘, 위스덤, 줄리 등이 사랑스럽게 느껴진다. 그 이유는 일단 사실 묘사가 뛰어날 뿐 아니라 저자의 아이들에 대한 사랑하는 마음이 잘 투영되었기 때문일 것이다.

책을 읽다 보면 가식 없이 솔직한 필자의 속마음도 발견할 수 있다. 적당히 아름답게 묘사할 수도 있는 부분도 비밀 개인 일기장처럼 쪼잔(?)하고 솔직한 마음을 표현함으로서 독자가 약간 당황스럽게 느껴지기도 한다. 하지만 그것이 독자로부터 공감을 얻는 매력으로 다가온다.

독자로서 이 책을 읽으면서 가장 마음에 와 닿은 것은 다문화 교육은 불쌍한 외국인을 도와주는 것이 아니라 문화적 배경이 다른 이웃과 함께 살아가는 것이라는 것이다. 이 책을 통해 불쌍한 가족과 삶을 '도와준다'가 아니라 잠시 살러 왔거나 이주한 다문화 이웃들과 어떻게 함께 살아가야 할지 실질적으로 고민하게 한다.

이 책은 다문화 교육에 관심이 있는 교사들뿐 아니라 오히려 다문화 교육에 관심이 없는 모든 사람에게 적극 추천하고 싶다. 우리 곁에 있지만, 의도적으로 무관심하게 대했던 이웃에 대해 생각을 바꿀 수 있는 계기가 될 수 있기 때문이다.

- 김현섭 ((사)교육디자인네트워크 대표)

이런 반은 처음 봤다. 상상도 못 했다. 아무리 별난 아이가 모였다 해도 무슨 짓을 할지 예상 범위 안에 있다. 하지만 박선아 선생님과 김여름 선생님 반은 상상도 못 하겠다. 먼저 아이들 피부색이 다양하다. 황인, 흑인, 백인으로 구분 짓기도 어렵다. 밝은 초콜릿색, 진한 초콜릿 색, 밝은 갈색…… 안 되겠다. 부모님 고향으로 해 볼까? 경기도, 충청도 이런 곳이 아니다. 한국, 나이지리아, 라이베리아, 토고, 베트남, 태국, 필리핀, 중국, 일본. 말하는 수준도 다르다. 젓가락질 실력, 칭찬에 대한 반응, 부모님이 대하는 태도, 선생님 앞에서의 모습…… 무엇하나 같은 게 없다.

의, 식, 주에다 언어와 문화까지 다르다면? 정말 살기 힘들겠다. 다른 나라에서 살아가려면 추위는 더 춥게 느껴지고, 더위는 더 덥게 느껴지겠다. 부부 중에서 한 사람은 한국인, 다른 사람은 다른 나라에서 왔다면 역시 힘들겠다. 두 사람 사이에서 태어난 아이는? 한국인이지만 다르다. 한쪽 부모에게서 한국인 문화를 물려받고, 다른 부모에게서 우리가 모르는 문화를 물려받는다. 그런 아이들이 한 곳에 모여 선생님을 바라본다. 나라면 어떻게 할까?

외계인 같은 1학년, 더구나 서로 다른 문화의 아이들이 한 반에 모인다면? 선생님이 스트레스 엄청나게 받을 것이다. 그러나 선생님은 아이들을 좋아한다. 아이들 웃음에 빠지고, 아이들 반응에 미소를 짓는다. 당황할 때도 있지만 아이들의 순진한 반응에 마음을 빼앗긴다. 개성 만땅인 아이들과 지내는 모습이 진짜 영화 같다. 영화도 이런 영화가 없다.

읽어보면 알게 된다. 이 아이들의 선생님이 어떻게 했는지를. 나도 이런 아이들을 만나 재미나게 지내고 싶다는 마음이 들다가도 '아니야, 이건 도로시가 회오리바람을 타고 오즈로 가는 거랑 다를 바 없어! 도대체 무슨 일이 일어날지 누가 안단 말이야?' 하는 마음이 든다. 읽어보시라. 판타지 영화에서나 겪는 일이 실제로 일어나는 모습을 볼 것이다. 그걸 보면서 다문화 가족을 따뜻하게 바라보는 마음이 생기면 좋겠다.

　　　　　　　　- 권일한 (현 미르초등학교 교사, 선생님의 숨바꼭질 저자)

선생님들은 다 안다.
아이들과 엉켜 사는 삶이 얼마나 진 빠지는지를.
평화롭게 보이는 교실 풍경도 실은 진한 삶의 현장이다.

선생님들은 다 비슷하다.
아이들과 한통속이 되어 어른아이가 되어간다.
아이들의 작은 몸짓과 웃음에도 녹초가 된 몸을 추스른다.

난 다문화 학생의 학부모 면담을 잊을 수 없다.
한국에서의 서러움을 울면서 토로했다.
그녀가 한 말을 떠올리면 먹먹하다.

"필리핀에도 다문화 학생이 있어요."
"그러나 여기처럼 이렇게 대우하지는 않아요."

우리 교단에 박선아, 김여름 선생님이 있어 자랑스럽다.

 - 오재길 (현 상현초등학교 교감, 교사, 어떻게 살아야 하는가 저자)

다문화 학교에 2년 동안 근무했다. 두 해 모두 1학년을 가르쳤는데, 한국 아이, 다문화 아이들 할 것 없이 모두 사랑스럽다. 게다가 아이들이 한글을 배우는 과정에 나오는 재미있는 이야기들을 혼자 간직하기 힘들었다. 그래서 스무 살 차이 나는 옆 반 예쁜 선생님과 이야기를 나누기 시작했다. 두 선생님이 아이들 이야기만 하면 낄낄거리며 웃음을 참을 수 없었다. 첫해는 김여름 선생님과 1학년 동 학년 했고, 다음 해는 내가 가르친 아이들이 2학년으로 올라가면서 여름 선생님 반이 되었다. 둘이 협동학습연구회를 함께 하면서 협동의 눈으로 아이들을 바라보니 할 말이 더 많아졌다. 내게 협동학습을 배웠던 아이들이 2학년이 되어 천사 같은 여름 선생님과 더 평화로운 시너지를 냈다. 서로 이야기를 나눌수록 자꾸 책을 쓰고 싶어졌다. 여름 선생님이 재미를 맡았다면 나는 감동을 맡았다.

가정방문을 하며 알게 된 사정과 외국인 부모님들과 깊은 관계로 사람과 사람으로 만났다. 한국어가 안 된다는 이유로 중요한 학교의 정보가 전달되지 못해 안타까웠다. 한국인 부모처럼 아이들의 학교생활을 알도록 돕고 싶었다. 한 여자로서 외국에서의 힘든 생활을 묵묵히 이겨내는 엄마들의 모습에 같은 여자로서 짠하고 기특한 마음이 들었다.

교실에서 다문화 아이들을 다문화, 외국인이 아닌, 그냥 한 아이, 좀 다른 아이로 이해하며 아이들의 필요를 채우고 싶었다. 다문화 가정에 대해 가진 편견과 달리 그들의 문화에서는 뛰어난 가정이 대부분이었다. 아이들이 대부분 똑똑했다. 이미 한국 땅에 잘 자리 잡고 사는 가정도 있고, 고군분투하는 가정도 있었다. 이국땅에서 애써 살아가는 학부모들의 모습을 지원하고 그들의 자녀들을 도와주는 선생 역할을 해야겠다고 생각했다. 세금으로 월급 받는 선생이니 교실에 온 모든 아이는 누구나 배우도록 도와야 한다고 여겼다.

누구에게나 삶의 이야기가 있다. 나 또한 다문화 친구들과 가족 덕분에 성장했다. 지난 학교에서 있었던 힘든 일로 마음의 상처와 함께 항암치료까지 했다. 치료가 끝나고 바로 옮긴 학교에서 나는 교사로서 아이들에게 증명되고 싶었다. 다문화 아이들의 깨끗하고 말랑말랑한 영혼들이 한없이 움츠러든 나를 세워주었다. 이 아이들과 학부모들에게 나는 정말 필요한 교사였고, 내게도 이들은 너무 필요한 이웃들이었다.

여름 선생님과도 승진이나 혁신이 아닌, 아이들 이야기로 마냥 행복했다. 우리 선생들과 아이들의 이야기, 아이들 각자의 이야기,

학부모들의 이야기 어느 것 하나 소중하지 않은 게 없다. 매일 함께 성장해 왔던 우리들의 이야기를 나눌 수 있게 된 것에 감사한다.

우리들의 이야기를 글로 나누도록 이끌어준 조창완 선생님께도 감사한다. 이야기를 쓰자고 제안하셨을 때 내 영혼의 깊은 곳에 가둬두었던 눈물이 빵 터져 버렸다. 아이들을 사랑했던 밀월의 시간을 공유할 수 있다는 것은, 마치 그동안의 외로운 교직 여정을 공감해줄 수 있는 친구들을 얻게 된 것과 같은 기쁨이었다.

글을 봐주시고 꼼꼼한 지도로 응원해주신 권일한 선생님께도 감사하다. 선생님 덕분에 글이 고급스러운 옷을 입은 것 같다.

늘 나의 인생길의 든든한 지원자 남편에게도 감사한다. 에피소드가 나올 때마다 재미있게 읽어준 나의 첫 독자 귀연아 고마워.

마지막으로 부족한 나를 선생으로 불러주시고 아이들과 학부모와 동료 교사들과 함께 서로 사랑하며 자라도록 허락하신 나의 진정한 선생이신 하나님께, 내 인생만의 이야기를 주심에 감사드린다.

‖ 목 차

주인공 캐릭터 소개

빅토

얼핏 보면 할리우드 배우를 닮음. 축구를 좋아하고 씩씩하지만, 집안일이 고되어 가끔 속상한 마음을 표현하기도 함. 말이 느려 만약 나무늘보가 한국말을 한다면 빅토 같을 거라고 예상함. 어떤 동시도 그가 읽으면 힙합이 됨.

임마누엘

눈이 크고 나이지리아 억양이 강한 사랑스러운 왕자님. 한국에 온 지 얼마 되지 않아 한글은 물론 영어도 쓰기 힘들어 하나 신기하게 의사소통이 되는 흥 부자.

페버

모든 말썽의 중심이지만 혼나도 항상 일어나는 오뚝이. 사실은 7살이지만 너무 똑똑하여 8살과 같이 생활하게 됨. 유관순 열사의 오랜 팬. 운동장 흙가루 파우더로 치장하는 매력을 가짐.

지영

예쁘고, 똑똑하고, 친절하여 친구들을 끌어당기는 매력 부자.
조선 시대라면 교실 안의 영의정. 믿고 맡기는 지영이.

희선

하얗고 가녀린 부끄럼 많은 소녀. A4 한 장으로 입체 전자레
인지, 계산기, 김밥을 뚝딱 만들어내는 살아있는 3D프린터.

핫산

파키스탄 왕자님. 다의어의 개념을 확장하는 언어의 마술사. 큰
눈과 높은 코로 강렬한 인상을 남길 수 있음. 젤리는 절대 사
절!

예준

잘생기고 친절하여 여자 친구들에게 본의 아니게 사랑의 화살
을 마구 쏘아대는 인기남.

예원

몬스터 주식회사의 여자아기 '부'를 꼭 닮은 귀염둥이. 얼굴은
아기 같지만, 핸드폰으로 세상을 빨리 알게 된 이미 청소년.

수민

천사들의 합창에 나오는 여자주인공과 싱크로율 100%. 법이 없어도 살 정도로 착하고, 바름. 큰 눈에서 눈물이 떨어질 땐 내가 미안해질 만큼 순도 99.9% 천사.

줄리

어린이 모델이 있다면 줄리가 아닐까? 도도하게 올라간 눈썹과 길고 시원한 팔다리. 하지만 반전의 말투를 가진 책을 좋아하는 스마트 걸. 장래희망은 12살.

셀레나

호기심 많고 한국말을 유창하게 하는 지적인 캐릭터. 줄리 보다 키가 작지만, 옷맵시는 아주 좋음. 선생님에게 묻기 시작하면 귀엽고 지적인 특유의 말투에서 헤어 나오지 못함.

위스덤

절대 위즈덤이라고 쓰면 안 됨. 위스덤임. 몸으로 부대끼며 놀때 가장 친해짐. 〈이웃집 찰스〉에 나온 유명한 토고 친구.

아진

유일하게 서울에서 유치원을 나온 수재. 아는 것이 많고, 말을 너무 잘해 아무도 이기지 못함. 대신 특유의 적극성으로 외로움을 집어삼키고 대세녀, 인기녀로 등극!

재성

따갈로그어, 필리핀어, 한국어, 스페인어 4개 국어를 이해하지만 너무 많은 언어를 동시에 받아들이느라 로딩 시간이 오래 걸림. 학교에 오는 것은 힘들었지만 앞으로가 기대되는 귀요미.

실라

"안녕하세요.", "감사합니다."를 두 손 모아 하는 예절 지킴이. 핫산의 동생이므로 파키스탄 공주! 최근에는 걸그룹 춤을 점령 중. 공주이지만 여장부 같이 행동하여 어머니가 걱정 중.

임마누엘라

신이 내린 기억력으로 받아쓰기와 수학 문제를 점령하는 똑똑 박사. 한국말 의사소통이 서툴러 교사에게 유일하게 반말하는 대범한 아이(반말, 존댓말이 뭔지 아직 잘 모름).

상처는
소리 없이
아물어

마침내
고운 꽃으로
앉아 있네

이해인 「상처의 교훈」 中

Spring

봄

입학식 준비

글의 처음부터 부끄러운 고백을 해야겠다. 부끄럽게도 날마다 마음을 닦으면서 살았다. 벌써 3년 전의 일이다. 그 당시 나의 미숙함을 돌아보다 아무렇지도 않게 글을 쓰기에는 자꾸만 마음이 불편하다. 나의 동기는 선하지 않았는데, 감사하게도 결과가 괜찮았다. 그래서 용기 내어 이야기를 풀어보련다.

봄방학에 1주일 정도 학교에 출근했다. 2월에 학생들은 쉬지만, 교사들은 근무하며 새로운 학급 준비를 했다. 우리는 1학년을 맡아서 입학식 준비를 해야 했다. 신입생 명단을 받아 반 편성하고, 교실도 미리 꾸미고, 입학식 준비도 하고 일이 많았다.

먼저 신입생 명단을 실무사님께 받아 확인했다. 동사무소에서 넘겨받은 취학명부의 이름들을 가나다순으로 배열했다. 그 명단을 다시 두 반에 순서대로 나누어 배치했다.

우리 학교는 다문화예비학교라 반 배치하는데 또 다른 작업이 필요했다. 다문화 특수학급 선생님이 다문화 학생을 고르게 반에 배치해주는 일이다. 다문화예비학교의 다문화 학생은 근무하는 선생님에게 연구 시범학교 점수를 주는 효자 학생이다. 학교를 옮긴 첫해여서 점수를 받을 수 없었지만, 혹시나 다문화 학생이 많으면 점수를 받을 줄 알고 다문화 학생을 찾아보았다.

다문화 학생이 좀 많길 은근 기대했는데 우리 반 아이들 명단을 보니 대부분 한국 이름이고 18명 중에 두 명만 다문화 학생 이름이었다. 페버, 임마누엘!

'뭐야! 다문화 학생들이 별로 없네. 이상하다.' 생각하며 호기심에 부모님 이름을 확인했다. 찾다 보니 엄마의 이름 속에 다문화의 비밀이 숨어있었다. 아이 이름은 분명 한국 이름인데 부모님 이름[1]은 익숙하지 않은 이름들이 많았다.

쯔엉티끼우, 팟차린… '베트남에서 영희, 순희인가? 예쁜 이름이구나!' 생각했다. 엄마와 아이들이 더욱 궁금해졌다.

입학식을 위해 명부, 명찰을 만들고 교실에 '환영합니다' 하고 써 붙였다. 입학식을 준비할 때마다 맞이할 아이들을 향한 설렘과 두려움이 교차한다. 새로운 배움을 시작할 학생들을 정성을 다해 환영하고 잘 배워보자는 메시지를 입학식에 담아내야 한다. 그래서 몇 년 전부터 입학식 날에 배움이 달다는 메시지를 주고자 초콜릿을 입에 넣어주었다. 선생님과 같이 달콤한 배움을 해보자는 뜻에

---

[1] 나중에 알고 보니 한국 이름의 부모님도 이름으로 차별받지 않기 위해 개명한 경우가 더러 있었다. 첫해 다문화 학생은 18명 중 8명이었다.

서다. 그리고 작은 선물 - 북 스타트 가방에 동화책 한 권 - 을 학교의 방침에 따라 준비했다.

'초콜릿과 책이면 될까?' 우리는 무엇으로 더 환영해 줄까 고민하다가 여름 선생님이 아이디어를 냈다. 유치원 때 받았던 사탕 목걸이가 너무 행복했다고 했다. 아이들에게 초등학교 입학의 행복함을 주고 싶어 하는 여름 선생님과 달리 나는 사실 반갑지는 않았다. 내 손은 이미 핸드폰 문자도 다섯 글자 중에 하나 꼴로 오타를 남기는 두터운 손가락인데, 사탕 하나하나 리본으로 묶을 생각을 하니 자신이 없었다. 하지만 입학식부터 나쁜 동료교사가 되고 싶지 않아 힘들어도 괜찮은 척하며 함께 하기로 했다.

여름 선생님 손가락은 진짜 길고 가늘었다. 게다가 리본도 제일 가느다란 것으로 준비했다. 예상대로 나는 하나 만들 때마다 10분 넘게 걸렸다. 괜찮은 척 작업을 했다. 속으로는 '아휴, 내가 뭐 하는 거야! 그냥 하지 말자고 할 걸!' 하는 생각이 간절했지만, 예쁜 신규선생님의 순수한 열정에 찬물을 붓기 미안해 침을 꼴깍 삼켜가며 만들었다.

두근거리는 첫 만남

드디어 입학식 날이 밝았다. 나는 꼬마 신사 숙녀들에게 예쁜 선생님으로 기억되고 싶어 진한 분홍색 외투를 입고 출근했다. 경력이 20년이 되어도 새로운 학생들을 맞이할 때면 늘 떨린다. 입학식장에 학부모들과 입학생들이 모여들었다.

'세상에나! 다문화 엄마와 아이들이 절반은 되어 보였다.'

우리 교감 선생님이 담임선생님을 소개하면서 나에 대해서는 최대 능력자로 포장해 훌륭한 선생님으로 소개했다. 열심히 가르치라는 교감 선생님의 요구로 느끼며 공손하게 인사를 했다. 다문화 학급은 처음이라 아이들과 학부모를 보니, 어떤 아이들일지 어떤 일들이 기다리고 있을지 사실 걱정이 많이 됐다.

'올 한해도 무탈해야 할 텐데, 학부모들과 잘 지내고 갈등 없이, 별 탈 없이, 한 해를 넘겨야지.' 각오했다. 크게 아프고 돌아온 나는 욕심이 없었다. 학부모들에게 아이들에게 미움 받지 않고 한 해를 보내고 싶은 마음에 친절하게 학부모들과 인사했다. 입학식이 끝나고 교장 선생님, 교감 선생님, 학부모, 아이들과 함께 입학식 기념사진을 찍었다. 그리고 1년 동안 함께 생활하게 될 교실을 둘러보고 필요한 서류를 나눠 주기 위해 교실로 갔다.

교실에 모이고 보니 한 가정 한 가정이 눈에 들어왔다. 부모님, 조부모님들이 보시는 앞에서 학생 한 명 한 명 이름을 부르고 선물을 나눠줬다. 그다음 준비한 초콜릿을 입에 넣어주며 "배움은 달콤한 거야!" 하고 알려줬다. 마지막으로 비장의 사탕 목걸이도 한 명씩 걸어줬다. 그런데 조금 있다가 한 아이가

"선생님 목걸이가 떨어져요!" 했다.

또 다른 곳에서도

"저도요!"를 외쳤다. 나는 얼굴이 빨개졌다.

"어떡하지! 선생님이 묶어줄까?" 말하고, 진행하다 말고 묶어줬다. 그런데 다시 풀어졌다. '에라 모르겠다.'

"그냥 책상 위에 올려놓으면 안 될까?" 첫날부터 이미지 망했다.

'역시 사탕 목걸이는 아니었다. 내년엔 절대 안 해야지.'

아무 일 없는 듯 다시 땀을 닦으며 진행했다. 주어진 시간이 너무 많이 남아 학부모들과 의미 있는 시간을 보내고 싶어졌다. 학급 공동체임을 알려주고 싶고, 인사할 절호의 기회인 것 같아 가족별로 소개하는 시간을 가졌다. 엄마·아빠와 함께 나와 소개한 가정들도 있고 할머니·할아버지가 함께 소개한 가정도 있었다.

특별히 눈에 들어오는 가정은 지영이 가정이었다. 한국어가 서툰 엄마는 용기를 내어 짧게

"지영이 엄마예요! 우리 지영이 잘 봐 주세요!" 인사하고 들어갔다. 지영이 엄마는 처음 보는 나에게

"선생님 사랑해요! 우리 지영이 너무 예뻐요."를 반복했다. 할머니가 나에게 오시더니 엄마는 베트남 사람이라 한국말을 잘 못한다며 대신 이야기하셨다. 왜 며느리를 무시할까? 좀 그랬지만, 하나뿐인 예쁘고 똑똑한 손녀가 입학했으니 손녀가 잘 다니기를 바라는 할머니의 염려라고 여기며 이해하기로 했다.

가정의 배경은 다양했지만, 공통점은 아이를 사랑하고 자랑스러워하는 마음이었다. 처음 보는 아프리카권 가정을 보며 좀 떨리기도 하고, 예상보다 많은 다문화 학생 가정 앞에서 조금 당황했지만, 그들의 자녀들을 잘 가르쳐야겠다고 결심했다.

부모님과 아이들이 돌아간 빈 교실에 앉아 정리했다. 몇 가지 과제가 주어진 것 같았다. 하나는 다양한 문화적 배경을 가진 아이들과 어떻게, 어떤 언어로 수업을 할 것인가? 한국말을 비교적 잘 이해하는 것 같으나 읽고 쓰는 부분을 어떻게 해갈 것인가? 또 하나는 학부모들과 소통을 어떤 언어로 어떤 방법으로 할 것인가에 대한 부담감이 밀려왔다.

'나 떨고 있니?'

페버와 임마누엘, 친구가 되다!

페버 이야기

페버는 아침에 학교에 늦게 온다. 학교에 올 때는 분명히 정문 근처에서 보고 인사하는데 교실에는 들어오지 않는다. 1교시 시작할 때 교실에 안 보여서 창밖을 내다보면 운동장에서 축구를 할 때가 많다. 처음에는 마냥 기다렸다. 그러다 페버가 수업에 늦게 들어오는 일이 잦아져 아이들을 보내서 불렀다. 그래도 안 오면 창가에 서서 운동장 쪽으로

"페버! 얼른 들어와!" 소리를 지르고

"삑!!! 삑삑!!!" 신경질적으로 호각을 불어댔다.

페버는 씩씩대는 나를 보면서도 아랑곳하지 않은 채 운동화를 신고 교실로 아무렇지도 않게 들어올 때가 많았다. 나는 약이 오를 대로 올랐다. 달래고 협박하다가 뾰족한 수가 안 나오자 마지막 카드를 꺼냈다.

"안 되겠어 페버! 엄마랑 상담 좀 해야겠구나!"

페버가 학교에 늦는 것을 엄마와 상담하려고 하는데 이럴 수가!

"우리 엄마는 나이지리아 갔어요!" 했다.

'어머나! 엄마가 어디로 갔다고?' 깜짝 놀랐다.

"그럼 넌 지금 누구랑 살아?" 물어보니

"아빠랑 살아요!"라고 말했다.

'이건 또 어떻게 받아들여야 하지?' 고민하다가 걱정이 되어 집에 가보기로 했다.

'그래서 페버의 행동에 문제가 많았나? 1학년 아이의 이야기를 어디까지 믿어야 할까?' 혼란스러웠다, 페버네 집에 가서 사실을 확인하기로 했다. 할머니 댁에 가서 가정통신문도 걷을 겸 가정방문을 결정했다.

페버는 1년 내내 떠들고 돌아다니고 운동장 모래를 실내화에 실어 나르고 친구들과 자주 싸웠다. 그래도 귀여운 구석이 많았다. 야단치면 팔짱을 끼고 앉아 삐져서 내 얼굴을 보지 않았지만 금방 풀려서 웃었다. 아직 어려서 그렇지 똑똑하고 한국말을 잘했다. 거칠지만 화나도 금방 풀고 웃는 사랑스러운 아이였다. 그런데 엄마의 부재를 걱정하는 처지가 되었다. 엄마가 나이지리아에서 페버에게 다시 돌아오실지 아니면 안 오실지 걱정됐다. '우리 페버 어떡하지?'

임마누엘 이야기

페버와 임마누엘은 나이지리아 친구들이다. 페버가 한국말을 잘

해 교실에서 수업을 많이 하는 것에 비해 임마누엘은 한국말이 서툴렀다. 한국에 온 지 6개월밖에 안 되었기 때문이다. 임마누엘이 입학식을 하자마자 다문화 특별학급에 보내져 대부분 시간을 그곳에서 보냈다.

입학 후, 며칠 지났는데 임마누엘이 다문화 특별학급2)-꿈두레반 선생님 손에 끌려 교실로 내려왔다. 아이는 선생님 손을 잡고 곧 울음이 터질 것 같은 표정으로 서 있었다. 빙 둘러앉은 아이들에게 책을 읽어주다가 임마누엘 손을 잡고 앉으라고 했다. 짧은 영어로

"이리 와서 같이 책 읽자 괜찮아!"라고 말하며 내 무릎에 앉혔다. 아이에게 교실이 안전하고 좋은 곳이라는 느낌을 주고 싶어서, 페버가 임마누엘을 도와줄 수 있도록 짝으로 앉혔다. 그리고 내가 한국말로 설명하면 페버가 임마누엘에게 영어로 설명해 주도록 했다.

내가 왜 그랬을까? 이건 순전히 아이들은 처음부터 끝까지 사랑해야 한다고 하신 교육학 교수님 때문이다. 처음에 한 이틀은 사랑스러웠다. 사랑스러운 척했을 것이다. 아이들에게도 나름 선생님에 대한 상도가 있으니까 말이다.

우정으로 결성된 시스템

그 구역의 시스템은 이렇게 돌아갔다. 주로 이런 흐름을 탔다. 수업시간에 내가 설명하면 임마누엘이 영어로

"선생님 뭐라 하는 거야?" 묻는다.

---

2) 다문화학생들이 한국학교에 잘 적응할 수 있도록 다문화 특별학급을 운영한다. 한국어 속성코스라고 하면 좋을 것 같다.

그럼 페버가 영어로 아주 길게 설명해준다. 그럼 내가

"페버 조용히 해!"라고 말하고 페버는

"임마누엘도 그랬어요!" 하고 이른다. 약이 오른 페버는 임마누엘을 놀린다. 임마누엘은 처음엔 안 그랬지만 점점 페버처럼 페버에게 약을 올린다. 페버는 더 볼륨을 높이면서 더 고급기술로 임마누엘을 놀린다. 이길 수 없는 임마누엘은 억울하고 화가 나서 닭똥 같은 눈물을 흘리며

"선새미~~" 하고 쳐다본다. 마치 '엄마~~ 쟤가 날 놀려요.' 하는 것처럼 눈물로 호소하면서 영어와 한국말을 버무려 징징거린다. 아마 한국말 중 친구 놀리는 방법을 쏙쏙 습득할 수 있었던 일련의 과정들이었을 것이다.

임마누엘에게 장난꾸러기 페버가 한국 학교생활의 멘토가 되었다. 한 명의 장난꾸러기가 또 다른 장난꾸러기 제자를 낳은 것이다.

임마누엘, 부드러운 영혼인 줄만 알았더니 완전히 속았다. 난 항상 아이들에게 잘 속는다. 특히 학기 초에 아이들이 나를 간 보느라 조용히 하는 중인데 얌전한 아이들인 줄로 착각한다. 2~3일 지내보고 '괜찮은 아이들이구나!'를 연발한다. 그리고 아이들에게 계속 재미있고 행복한 시간을 주기 위해 애쓴다. 물론 1학기가 끝나갈 때쯤엔 아이들만 행복하게 웃는다. 나는 20년이 지나도록 속고 있다.

임마누엘은 감성 부자 흥 부자다. 임·마·누·엘 그 이름만으로도 너무 좋아했었다. 임마누엘에게 한국어 가사가 어렵고 이해하기 힘드니 친구들이 노래를 부를 때 임마누엘은 춤을 추라고 했다.

'아 그때, 그러지 말았어야 했다.' 페버와 임마누엘은 노래할 때마다 나와서 춤을 추고 랩을 했다.

노래가 나오면 페버와 같이 비트박스와 힙합 랩으로 답하며 엉덩이를 씰룩거렸다. 물론 다른 친구들은 노래 부르다 두 녀석을 보고 배꼽 잡았다.

노래 부르는 시간도 힙합, 악기연주 시간도 힙합, 음악 감상도 힙합….

음악 시간마다 힙합을 하는 두 아이

즐거운 생활시간은 그렇게 두 꼬마에게 집중된 채 모든 장르가 힙합으로 버무려서 흘러갔다.

임마누엘 학교 가자!

임마누엘은 비교적 멀리서 학교에 걸어오기 때문에 등굣길에 만나면 잘 태워준다. 첫 만남 때는 꿈두레반 선생님 손에 끌려온 눈물 많은 아이라는 편견이 있었다. 순수해 보이는 얼굴에 속아 도움이 필요한 아이라고 혼자 한동안 생각했다.

'임마누엘의 집에서 학교까지 통학 거리가 멀어 1학년 아이에게는 힘들 거야'라고 생각했다. 그래서 출근길에 임마누엘이 "선생님!" 하고 외치면 나는 '택시!' 하는 부름에 응답하듯 13년 된 똥차를 임마누엘 옆에 댔다. 물론 페버도 오다가 만나면 태웠다.

"임마누엘 어서 타!" 늦게 터덜터덜 지친 상태로 교실에 들어와 수업 참여하는 것보다 이렇게 거둬서 가는 것이 그날 수업 진행에 좋기 때문이었다. 지각생 한 명 건지는 셈 치고 학교 가는 길에 보이면 태웠다. 물론 학교 쪽 도로는 차량이 많지 않아 안전한 편이었지만 나를 보고 위험하게 뛰어서 건너지 못하도록 "임마누엘 천

천히 건너와!" 소리 지를 때도 많았다. 차를 태우면 임마누엘은

"완~전 좋아요!"를 꼭 말해줬다. 10년 넘은 오래된 차를 좋아해 주니 좋았다. 그러고 보니 이 아이들 가족은 차를 소유하기가 힘들구나! 임마누엘은 교문을 지날 때는 일부러 걸어가는 다른 반 나이지리아 친구들을 부르며 자랑했다.

"빅토! 메롱!" 임마누엘의 자랑질에 나도 같이 웃으며 오다가 교문 앞을 지키시는 교장 선생님께 큰소리로 인사드렸다. 속으로 '나 좀 봐주세요! 교장 선생님! 내가 아이들 태우고 오느라 늦었다는 걸 보여주고 싶어요!' 말하며 지각을 이렇게 스스로 합리화했다. 나도 지각 모면하기 용으로 임마누엘을 이용하고, 임마누엘도 친구들에게 자랑하기 위해 나를 이용하고 우린 이렇게 서로 이용하는 관계였다. 그 선생에 그 제자다.

집에는 가족의 이야기가 있다

　가정방문은 아주 오래된 시대의 유물처럼 들린다. 과거 학부모에게 부담을 주고, 촌지를 받는 통로로 악용되는 등 여러 가지 부정적 요소를 가지고 있었기 때문일 것이다. 그래서 지금은 역사의 뒤안길로 사라진 업무로 인식된다. 하지만 교실에서 1년 지낸 것보다 단 한 번의 가정방문으로 아이에 대한 정보를 더 많이 얻을 수 있는 긍정적인 요소를 많이 가지고 있다. 인성 지도할 때도 아이를 입체적으로 파악할 수 있는 효과적인 도구이다. 그래서 좋은교사운동에서 실시하는 가정방문 캠페인에 몇 년째 동참하고 있다.

　학기 초 3월은 학급 교육과정과 1년을 보낼 행정업무를 하느라 가장 바쁠 때다. 그럼에도 불구하고 3월 3주부터 학부모 상담과 함께 가정방문을 실행했다. 특히 다문화 친구들의 집을 방문하는 것은 아이와 부모뿐 아니라 배경이 되는 나라의 문화를 파악하는 데 큰 도움이 되었다. 1년 동안 아이를 따뜻하게 안을 수 있는 동기를 부여받는 기회였다.

인상 깊었던 몇 가정이 있다.

지영이네 집은 거리가 무척 멀었다. 인근 학교와 공동 학구이지만 두 학교에서 다 멀었다. 지영이는 눈이 동글동글 똘망똘망, 한마디로 똑소리 나는 친구이다. 해가 짧은 3월이라 지영이네 집에 도착할 때쯤에는 벌써 해가 뉘엿뉘엿 지고 있었다. 첫날이었지만 학교 업무로 인해 지친 마음으로 지영이 할머니와 통화를 하며 집 근처로 갔다.

한별 고물상 뒤 언덕 위에 집이 있다고 해서 주소를 보고 집을 찾아갔다. 가는 길에 익숙한 풍경들이 내 마음을 두근거리게 했다. 지영이네 집은 그동안 차로 다닐 때마다 누가 저기에 살까 궁금했던 아주 오래된 집이었다.

'아 이곳에 누가 살까 궁금했는데 우리 반 아이가 여기에 살고 있었구나!' 찡한 마음을 삼키고 고물상 뒤 언덕에서 가까운 대문 쪽에 서서

"지영아! 지영아!"하고 불렀다. 첫째, 둘째, 세 번째 집에서 지영이가 나왔다. 너무 반가워서

"지영아! 너희 집이구나!" 웃으면서 아이 손을 잡고 집에 들어갔다. 앞집과 2m도 차이 나지 않는 좁은 마당에 집만 덩그렇게 있었다. 집에 들어가려다 보니 디딤돌에 지영이가 학교에 신고 다니는 예쁜 신발이 놓여있었다.

준비해간 초코파이와 바나나 우유를 주고 지영이 엄마와 할머니, 할아버지께 인사를 드렸다. 초록 키위를 내주셨는데 준비하느라 부

담스러우셨을까? 생각하니 미안했다. 미안한 마음을 꾹 누르며 키위와 같이 삼켰다. 엄마는 옆에 앉았다 차와 과일을 내느라 바빴다. 지영이는 안방에서 TV 만화를 보고, 할머니와 상담을 했다. 할아버지는 편찮으시고, 지영이 아빠가 중국집 주방에서 일했다. 엄마는 공장에서 일하느라 바쁘시고 할머니도 쉬지 못하시고 주변에서 남의 집 농사일 도우신다고 술술 이야기하셨다. 가족의 빚 때문에 셋이 벌어도 늘 부족하시다는 이야기를 하셨다. 그래서 차를 파셨단다. 아빠의 자전거가 유일한 이동수단이었다.

할아버지가 편찮으셔서 할머니가 대신 입학식 날부터 손녀 손을 잡고 매일 30분 가까이 걸어 다니셨다. 처음에는 4교시만 하고 걸어서 데려가야 해서 교실의 놀이방에 앉아서 손녀의 수업이 끝날 때까지 기다리곤 하셨다. 그래도 우리 지영이는 학교 다니는 게 너무 신나서 매일 아침 먼 길을 걸어오면서도 좋아했다. 할머니의 손을 잡고 추운 아침에도 씩씩하게 왔다. 할머니가 너무 힘들 때는 택시를 타고 오기도 했다.

지영이가 학교에서 얼마나 수업에 잘 참여하고 똑똑하고 사랑스러운지 내 아이처럼 할머니와 어머니에게 자랑했다. 할머니도 아이가 유치원 때도 늘 잘한다는 소리를 들었다고 자랑하셨다. 네 분의 어른들에게 지영이는 어쩌면 유일한 기쁨이고 소망이라는 생각이 들었다. 한편으로는 지영이가 그걸 너무 일찍 알고 똑똑하게 구는 것일 수도 있겠다는 느낌을 받았다.

할머니 이야기가 끝나가자 엄마가 앨범을 들고 와서 지영이 어릴 때 사진과 결혼사진을 보여주셨다. 엄마가 한국말을 서툴게 했지만,

지영이 사진을 보며 몇 번이나

"우리 지영이 예뻐요!"를 반복했다. 엄마가 다른 말을 더하고 싶지만 자신 있게 할 수 있는 말이라 나는

"네! 지영이 진짜 예뻐요!"로 대꾸해드렸다.

그러다가 지영이 엄마는 기분이 좋았는지 사진첩을 가져와 처녀 시절 사진을 보여줬다. 지영이 아빠랑 결혼한 이야기, 그리고 밤길에 좇아 오던 남자로 인한 두려움에 살이 쭉 빠져 불안하게 지냈던 이야기, 한국에서 외로웠던 이야기를 서툴게 쏟아냈다. 얼마나 외로웠을까 생각하면 마음이 아팠다. 베트남에서 한국으로 시집와 고생하면서도 자신이 낳은 아이에게 마음을 보여주지 못하고, 남편과도 깊은 속마음을 나누지 못했다. 가장 안전하고 포근해야 할 가정에서 외로운 그녀가 어려운 가정을 힘써 세워가며 살아가는 모습에 고개가 숙여졌다. 태어난 나라에서 편히 사는 '나'라는 존재가 참 미안했다.

돌아오는 차 안에서 지영이가 학교에 다니는 길을 도와줄 방법을 고민했다. 학교에 가는 길에 코스가 딱 맞지는 않지만 춥고 비가 오는 날이라도 당분간은 내가 태워서 다녀야겠다는 결심했다. 아침 등굣길만 도와주고, 하교 시간은 학원 다니면 될 것 같았다. 지영이가 그림을 진짜 잘 그리는데 4월부터 미술학원에 다니면 딱 좋을 것 같았다. 그림도 실컷 그리고 학원 차로 집에 데려다줄 수 있어서 환상적이라는 생각이 들었다. 지영이 미술 실력 향상과 함께 하교를 돕기 위해 미술학원을 보내면 어떨지 아버지께 여쭤봤다. 아버지는 가정에서 상의해 보신다더니 다음날 바로 미술학원 알아봐

달라고 부탁하셨다. 인터넷으로 학교 근처 미술학원을 뒤져서 몇 군데 하교 시간과 차량 등 전화로 상담해본 뒤 학원을 찾아드렸다. 등록할 때도 학원 원장님께 지영이 가족을 소개해 드리고 부모님께도 잘 연결해 드렸다.

지영이의 경우가 아니어도 아이가 하나거나 첫 아이가 학교에 입학할 경우 학교생활과 방과 후 활동에 대한 조언이 필요하다.

게다가 엄마가 적극적으로 자녀교육의 전면에 서는 것이 한국의 문화인데, 다문화 엄마에게는 첫 단추를 잘 끼우도록 도와주는 역할도 교사의 일이라는 판단이 들었다.

하지만 지영이가 스스로 등하교에 익숙해질 때까지 1학기까지만 하기로 했다. 2학기에는 아버지가 자전거로 지영이를 학교에 태워다 주셨다. 2학년 때는 할아버지나 아버지가 다리 건너 건널목까지 데려다주시면 지영이는 친구들과 신나게 떠들며 등교하게 되었다. 차로 출근하다 아이들의 모습을 발견할 때면 문득 낭만적인 영화 한 편을 보는 것 같을 때가 있다. 아이들이 학교 주변에서 삼삼오오 무리를 지어 웃고 떠들며 걸어가는 뒷모습을 보면 나도 모르게 흐뭇해진다. 조그만 지영이의 가방을 맨 뒷모습에는 베트남 엄마와 한국 아빠, 그 아빠를 애지중지 키우시고 지금까지도 힘겹지만, 성실히 살아가는 할머니와 할아버지의 희망이 얹혀있었다.

페버네 집을 찾아서

　1학년 입학 초기에는 받아야 할 가정통신문이 너무 많다. 취학통지서, 가족관계증명서, 돌봄교실 희망서, 예방 접종 증명서류(당시에는 제출했음), 우유 급식 신청서, 특기 적성 신청서, 각종 정보공개 동의서, 가정환경 조사서 등 당시에는 15가지나 되었다. 20명도 안 되는 아이들의 가정통신문 앞에서 중요한 업무도 내려놓은 채 이틀을 고생했다. 분리작업과 가져온 아이의 명단을 파악하느라, 안 가져온 친구는 독려 전화통화를 하며 낑낑댔다. 그야말로 사투를 벌였다. 교사인 나도 많은 서류 앞에서 고통스러웠는데 학부모는 오죽할까 생각하니 뭔가 다른 방법이 필요했다.

　학부모의 절반이 외국인이어서 가정통신문을 보내도 읽지 못해 대부분 그냥 눈치껏 사인만 해 보내거나, 아예 보지도 않았다. 읽지 못하는데도 어제 그 가정통신문을 내고도 또 보내주는 베트남 엄마와 필리핀 엄마는 고맙고 귀엽기도 했다. 하지만 내야 할 서류는

많은데, 절반도 못 냈으니 어째야 할까 고민이 되었다. 한 장도 내지 않은 임마누엘 엄마랑 페버 엄마에게는 꼭 통신문을 받아야 답답한 마음에서 해방될 것 같았다. 그래서 결국은 무작정 하교하는 두 녀석을 불러 세워 집에 따라갔다.

페버는 혼자 가지 않고 유치원의 마크를 데리고 가야 한다고 해서, 비슷해 보이지만 좀 더 귀여운 마크가 유치원에서 나올 때까지 기다렸다가 데리고 함께 갔다. 처음에는 페버가 할머니 집은 미용실이라고 자랑했다. 그런데 처음과 달리 빨리 가야 한다며 막상 근처에 가니까 빙빙 돌았다. 걸어서 가는데 자꾸만 집 근처 다 왔다고 하더니 어딘지 기억이 안 난다며 안 알려주려고 했다. 날 따돌리려고 하는 것 같아 속으면 안 된다고 굳게 마음먹고 주변의 미용실 문을 열면서 막 찾아다녔다.

결국, 할머니라기엔 좀 젊은 분이 페버를 맞아들였는데, 별로 반가워하는 기색이 아니었다. 난 진짜 할머닌 줄 알고 페버의 학교생활에 대해 고자질을 했는데 별로 관심 없어 하셨다. 페버가 말썽꾸러기라고 자꾸 말을 안 듣는다는 말을 하며 아이를 미워하는 말만 해서 느낌이 이상했다. 또 페버 엄마가 나이지리아에 갔는데 안 올 수도 있다고 알려 주셨다.

'이 할머니 진짜 할머니 맞나?' 할머니 말대로라면 큰일이었다. 페버가 말 안 듣고 말썽을 부리기는 하지만 똑똑하고 사랑스럽다고 말해주고 싶었는데 이 말을 듣고 기뻐할 부모가 없어 걱정스러웠다. 사정을 알고 나니 페버가 더 가엾게 느껴졌다. 나중에 알고 보니 할머니는 페버 엄마가 나이지리아에 가면서 아빠 퇴근 전까지 방과 후에 아이를 잠시 부탁드린 이웃이었다.

초롱초롱한 눈망울을 가진 페버

페버 가게에서 별 성과 없이 끝낸 나는 어떻게 해야 할지 고민에 잠겼다. 워낙 똑똑하고 한국말도 잘하는 녀석이 큰소리로 엄마는 아프리카로 돌아가서 좀 있으면 다시 돌아오시겠다고 했는데, 할머니 말로는 확실하지 않단다.

'페버 마음은 얼마나 불안할까? 이 아이 어떻게 하지?'

결국, 일하는 아버지에게 전화를 걸어 통화에 성공했으나 아버지 이름을 묻는 문자에는 답이 없었다.

'에이 그냥 내 맘대로 사인해버릴까? 난 모르겠다! 돈 드는 것 아니면 굳이 다 묻지 않고 그냥 사인해 버려야겠다.' 결론을 내렸다. 어차피 부모님도 못 읽고 설명해줘도 이해하지 못하는데 내 맘대로 할란다.

가정통신문, 이건 완전 교사에게 큰 숙제고 짐 더미다.

찾아가는 가정통신문 서비스

고민을 안고 임마누엘 집으로 출발했다. 집을 알아 두면 답답해하지 않고 가정통신문을 받을 수 있어서였다. 임마누엘이 자기 집은 페버 집보다 가깝다는 말에 속아 실내화를 끌고 한 30분 걸어갔다. 아직 임마누엘이 1학년이라 거리 개념과 시간 개념이 부족해 설명을 알아듣고 가는 게 힘들었다. 어쩌면 내 영어가 짧아서 스스로 답답했을 수도 있다.

임마누엘 집이 출퇴근길에 위치해 가정방문 기간 외에도 필요할 때 자주 들렀다. 엄마가 임마누엘라(임마누엘의 여동생 아기)를 낳고 얼마 안 돼 학교에 오지 못하셨기 때문이었다. 한글 가정통신문은 당연히 이해 못 하고 임마누엘도 한글을 전혀 몰라서 설명이 필요했다. 가정통신문을 가짜로 작성할 수는 없어서 맘먹고 가서 설명하고 사인을 받으려 했다.

그런데, 임마누엘 집에 가서 깜짝 놀랐다. 대형 TV와 임마누엘이 늘 붙잡고 사는 아이패드 때문이었다. 물론 팬티만 입고 돌아다니는 이 녀석의 오동통 겸손한 외관에도 엄청나게 놀랐다. 놀란 것은 몇 개 더 있다. 임마누엘 아버지는 다른 외국인 부모님들처럼 공장에서 일하지 않으시고 학위를 받으러 공부하러 오셨단다. 그러니 유학 온 것이다. 처음으로 본 나이지리아 여자 아기 임마누엘라는 너무 예뻤다. 눈망울이 크고, 까만 곱슬머리와 갈색 피부가 어찌나 윤기가 나던지 신비감이 들었다. 완전 인형이었다.

마지막으로 집을 나서면서 신발장을 보고 입이 다물어지지 않았다. 천장까지 닿는 신발장에 임마누엘 엄마의 천연색 구두가 빼곡히 들어차 있었다. 나중에 페이스북을 통해 연결된 임마누엘 엄마, 아빠, 할머니도 굉장했다. 나이지리아에 사는 할머니 댁도 화려했다. 이분들 여기서는 비록 작은 집에 살아도 거기서는 꽤 사시는구나.

외국인 다문화가정에 대한 편견이 깨지는 시간이었다. 내 머리로 인식하고 있었던 지식으로 그들에게 잘 해주려 했지만, 그것은 나와 다른 사람에 대한 존중과 배려라기보다 나보다 못한 외국인 노동자, 다문화가정들에 동정으로 잘 해줘야 한다는 일종의 책임감일 뿐이었다.

그날 다문화 학급 교사의 역할이 뭔지 생각해 보았다. 불쌍한 가족과 삶을 '도와준다.'가 아니라 잠시 살러 왔거나 이주한 다문화 이웃들에게 교사의 역할을 하는 것뿐이다. 좀 불편한 곳을 파악해 가려운 곳만 긁어 주면 되는 것이라 정의 내렸다. 그러니까 그냥 이웃이고 학부모고 학생인 거다. 나는 그냥 교사다. 내게 보내주신 아이들과 학부모에게 교사로서 역할만 하면 되는구나. 음 그거네!

다행히 학교에서는 사라진 나를 아무도 찾지 않았다. 금방 돌아올 줄 알고 출발했는데 1시간 30분이나 걸렸다. 후드티와 긴치마에 실내화를 신고 제법 걸었다.

결국, 1시간 30분 만에 가정통신문 3장을 들고 뿌듯함을 안고 학교로 들어왔다. 우유 급식 신청서와 특기 적성 신청서 정보공개 동의서다. 그날은 전체 통신문 15가지 중 겨우 두 건을 마무리해서 제출했다. 그래도 교무부장 시절 공문 두 건 처리한 것보다 엄청 뿌듯했다.

갑자기 풀린 날씨 탓인지 오랜만에 걸어서 그런지 가슴이 이상하게 콩콩 두근거렸다.

선생님은 반전 없는 신데렐라

우리 교실은 3층 맨 끝에 있다. 복도 공간을 교실 안으로 들여 교실 1.5개 정도의 넓이였다. 지금은 실내 운동공간으로 바뀌었지만, 복도 공간 쪽에 두꺼운 매트가 깔리고 학습준비물 책꽂이로 공간을 분리해낸 괜찮은 놀이방이 있었다. 아이들에게는 즐거운 공간이지만 교사인 내게는 관리해야 할 공간이 0.5배 늘었고, 목소리 출력을 2배로 해야 한다는 것을 의미했다. 교사가 아이들에게 가장 잔소리를 많이 하는 공간이라는 뜻이다.

그곳에 칸마다 다양한 놀이 도구와 교구들을 넣어두었다. 학기 초에 도서실에서 다문화 신입생들에게 선물해주신 민속놀이세트 주머니가 있었고, 수 세기를 위해 준비한 공기세트들, 바둑돌, 장기 세트, 학급비로 산 젠가와 할리갈리, 텀블링 몽키 세트, 종이 벽돌 블록, 그냥 나무 블록, 이름 모를 블록들이 있었다.

아이들의 놀이시간에 대한 뚜렷한 철학이 있어 쉬는 시간을 철저

하게 보장해줬다. 그러함에도 아이들은 노느라 시간이 부족해 미처 교실을 정리하지 못한 채 수업시간을 맞이했다. 말이 통하지 않아도 전 세계 공통어인 놀이는 우리 반 아이들을 하나로 묶는데, 크게 이바지했다. 하지만 놀이방은 쉬는 시간이 끝나면 민속놀이세트에서 나온 고무줄과 제기, 공깃돌끼리 얽혀있고 쌓기 놀이하다 둔 나무 블록들이 여기저기 섞여 있었다. 그리고 할리갈리는 가장 인기가 높은 보드게임이었는데, 찢겨서 날아다녔고 바둑돌은 던져서 깨져있었다. 바둑돌은 자주 깨졌다. 페버가 그랬다. 임마누엘도 그랬다. 놀이방 바깥 테라조 바닥에 그냥 던졌다. 그리고 매트와 벽 사이 공간에 색연필과 찢어진 책, 할리갈리 쪼가리, 깨진 바둑돌이 숨죽이며 나를 보고 있었다.

아이들이 하교한 후에 업무 하다가 그냥 넘어가고 싶었지만 걱정되어 가보면 놀이방은 장난이 아니었다. 게다가 중간놀이 시간 30분 동안 운동장에서 실내화를 신고 놀다 데리고 온 모래들도 같이 숨어있었다. 아이들에게

"누구야? 누가 이렇게 했니?" 소리를 질러도 다들

"난 아니에요!"라고 발뺌을 했다. 아이들은 늘 그렇다. 질문한 내가 아마추어였다. 난 매일 그 공간을 치웠다. 특히 1주일에 1번은 신데렐라처럼 바닥에 쭈그려 앉아 걸레질했다. 2년 동안 그 공간을 사용하면서 좋은 마음과 싫은 마음이 3:7이었다.

아이들에게 어떻게 놀아야 하는지 규칙을 설명해주지도 않고 비치해둔 놀이방의 보드게임들은 던지고 부수기에 너무 좋은 도구들

이었다. 쉬는 시간까지 선생 노릇 하기 싫어 관찰자로만 있던 결과, 놀이방은 정말 지저분한 장소가 되었다.

'왜 던질까? 왜 잘 놀지 못할까?' 생각하고 노는 것도 도와줘야 했나 자책도 했다.

하지만 지금 돌아보면 수업 이외의 시간까지 신경 쓰기에는 내 몸의 건강이 허락하지 않았다. 그래서 수업 시작할 때 잔소리하듯 "가지고 놀면 다시 정리해야 해."라는 상투적인 말로만 지도를 반복하다가 포기했다. 결국은 방과 후 나의 업무로 자리 잡아 버렸다.

생각해 보면 아이들에게 보드게임은 낯설은 놀이가 아니었을까? 낯선 나라에 이방인으로 들어온 부모들이 아이들과 함께 시간을 보내기는 어려웠을 것이다. 대부분 스마트폰 게임 또는 TV를 시청하거나 밖으로 돌아다니며 놀게 했을 것이다. 뭐 그게 별일이냐고 말할 수도 있고 대부분 그렇게 살 수도 있겠지만, 놀이도 가르쳤어야 했다. 갑자기 주어진 자유를 던지기와 부수기로 풀어내는 아이들의 에너지를 항암치료 끝나고 온 지 1년도 안 된 내가 막아내기는 쉽지 않았다. 아무튼, 보드게임을 하나하나 풀어가면서 함께 놀아 줬어야 했는데 땅을 치며 후회해도 이미 늦었다. 변명이다.

그래서 혼자 조용히 청소하기를 택했다. 그게 편했다. 아이들 가고 나면 '전자파가 넘쳐나는 컴퓨터로 일하기보다 몸을 움직이는 게 나아.' 애써 위로하면서 교실 한번 쓸고 놀이방 정리하고 매트 쓸고 걸레로 닦았다. 왠지 내 마음을 닦는 것 같아 막상 하고 나면 개운해지는 청소시간이었다.

놀이 교실에서 쌓기 놀이 중인 아이들

해결할 수 없고 포기할 수도 없는

3월 16일 교무실에서 전화가 왔다. 2월 취학아동 명단에 있던 눈에 익은 이름 - 정재성이 우리 반으로 중도 입학해야 한다는 내용이었다. 조금 후 재성이와 엄마, 할머니가 함께 교실로 올라오셨다. 실무사님의 말에 의하면 재성이가 신입생 예비소집 기간에는 분명히 유예할 거라고 이야기했는데, 주변 유치원에서 받아주는 데가 없어서 다시 왔다고 했다.

교실에 들어온 재성이를 놀이방에서 할머니와 놀게 한 후 엄마와 상담을 했다. 아빠가 3년 전에 공장에서 불의의 사고로 돌아가시고 필리핀 외할머니 댁에 살던 형 재경이와 재성이가 1년 전 외할머니와 함께 우리나라로 오게 되었단다. 남자아이 2명을 건사하기 힘들었던 외할머니가 어릴 때부터 아이들에게 스마트폰을 주었다. 재성이는 스마트폰으로 유튜브를 보면서 한국어, 영어, 포르투갈어, 타갈로그어까지 4개 국어를 이해한다고 아이의 장점을 이야기해 주었다. 그런데 이상하게도 재성이는 평소에 말을 거의 하지 않았고 차분히 앉아있지도 않았다. 나이는 8살인데, 영어로 Mommy라는 단어만 사용하고, 엄마가 가르쳐준 색깔, 1~10까지 수 세기 외에는 다른 말을 전혀 하지 않았다.

2월부터 3월 15일까지 재성이 엄마는 재성이가 학교에 다니기에는 너무 준비가 안 된 것 같아 유치원을 좀 더 다니기를 희망했다. 주변 유치원 몇 곳에 가서 상담했는데 결국 돌아온 답은 아이를 받아 줄 수 없다는 안타까운 답들뿐이었다. 나이도 많고 한국말도 못하고 알아듣지 못할 뿐 아니라 가만히 앉아있지 않는 재성이를 책임져 주는 곳이 없었다. 엄마는 어쩔 도리가 없어 다시 재성이 손을 잡고 학교로 3월 16일에 돌아왔다.

다행히도 학교에서 받아주는 것은 문제가 없었다. 중도입학으로 그냥 우리 학급에 편성하여 다니기만 하면 되었다. 문제는 우리 교실이었지….

학급에 입학한 첫날부터 엄마는 바로 미군 부대 안에 있는 직장에 가야만 했다. 할머니 혼자 재성이를 데리고 갈 수 없어서 점심을 안 먹고 엄마랑 외할머니랑 재성이가 그렇게 돌아갔다. 둘째 날 재성이가 조금 늦게 엄마와 할머니 손을 잡고 다시 나타났다. 나는 재성이에게 아이들에게 나눠준 입학 초기 적응교재와 색연필을 주었다. 재성이 자리를 마련해서 똘똘한 아이들 옆에 앉히려고 했다. 그런데 재성이는 잠시 앉아있는 듯하더니 얼마 가지 않아 놀이방으로 갔다. 거기서 노래를 흥얼흥얼하면서 스케치북에 선을 긋기 시작했다.

교사 경력 18년의 전문가 포스를 풍기며, 재성이에게 앉아있기 연습할 수 있도록 또래 아이들이 좋아하는 또봇 만화를 틀어 보여줬다. 그리고 교실의 나머지 아이들은 그동안 해왔던 것처럼 잘 해주겠지 기대하며 입학 초기 교재 몇 장을 하게 했다. 그 옆에서 나는 재성이랑 1시간 동안 소통하려고 노력했다. 놀이방의 장난감들을 가지고 주고받기 상호작용과 한글 자극을 주기 위해 노력했는데, 처음엔 집중하는가 싶더니 나중에는 다시 돌아다녔다.

"재성아 이리와!"하며 불렀는데, 내 말을 못 알아듣는 척하는 것 같아 다시

" 재성아! 이리와!" 하는데 아예 듣지를 않았다.

며칠 노력을 했지만, 재성이에게 나의 노력이 먹히질 않았다. 일단 자리에 앉기가 되지 않았다. 재성이는 특히 교실에서 돌아다니며 아이들 사물함을 열어 새 학용품 만지기를 좋아했다.

새로 산 학용품을 만지는 것을 입학한 지 얼마 안 된 다른 아이들도 힘들어했다. 며칠 잘해줘서 내심 고마웠던 학급의 다른 아이들마저 재성이가 돌아다니는 대로 영향을 받기 시작했다. 기회만 되면 복도에 뛰어나가는 재성이를 잡으러 다녔다. 이상한 소음을 만들면서 말은 전혀 하지 않는 재성이가 버거웠다. 조용히 시키거나 공부를 가르치는 것, 또는 친구 관계를 가르치는 일상적인 교사로서 역할의 범위를 넘어섰다.

'내 힘으로 다룰 아이가 아니구나!' 한계를 인정해야만 했다. 재

성이는 내 경력으로 가르칠 아이가 아니라는 사실을 인정하는 것이 자존심도 상하고 굉장히 마음을 짓눌렀다.

'내가 포기하면 이 아이는 제도권 교육을 못 받을 텐데 공립학교 교사인 내가 아이를 가르치지 못하니 이 노릇을 어떻게 할까? 재성이를 가르치자고 나머지 17명의 생떼 같은 아이들을 버릴 수도 없는 것 아닌가.' 마음속에서 큰 갈등이 생기기 시작했다.

그런데 이런 문제 외에도 재성이가 학교 다니는 일은 크게 2가지 장애물이 있었다.

첫째 학교에 데리고 다녀줄 적절한 사람이 없다는 것이었고, 둘째 한국말도 배워야 하고 특수교육도 받아야 하는데, 다문화학급에서만 가르칠 수도 없고 특수학급에서만 가르칠 수도 없다는 사실이었다. 통합교육이 필요했다.

재성이 엄마는 직장에 다녀야 하는데, 재성이가 등굣길에 위험해서 늘 엄마의 도움이 필요했다. 재성이는 가볍고 동작이 빠른 아이여서 연세가 있는 할머니 혼자서는 통제를 못 하셨다. 한번은 할머니 혼자 재성이를 데리고 오다가 할머니 손을 놓고 갑자기 차도로 뛰어 들어가는 바람에 정말 큰일 날뻔한 적도 있었다. 그래서 할머니 혼자는 학교를 데려다줄 수 없었다. 하지만 설상가상으로 엄마 출근 시간이 빨라져서 할머니 혼자 재성이를 데리고 와야 하는 형편이 되었다.

그래서 재성이는 비가 와서 못 오고, 아침에 못 일어나서 못 온다는 핑계를 댔다. 점점 학교에 오지 못하는 날이 잦았다. 사실 핑계가 아니라 맞았다. 엄마가 재성이 학교를 위해 오전에 천천히 출근해도 되는 직업을 가지는 것은 불가능이고, 재성이가 엄마 때문에 수업을 다 못하고 집에 돌아가야만 했기 때문이다. 두 조건을 모두 충족시키지 못하면 못 오는 것이다. 궁여지책으로 내가 출근길에 차로 데리고 오고 싶었는데, 끝나고 아이를 데려다줄 사람이 없는 것이 문제였다.

한편으로는 재성이가 학교에 안 오는 날은 아이들과 수업을 할 수 있어서 편했다. 그러나 그냥 내버려 두면 아이의 평생을 버릴 수 있겠다는 생각에 마음이 무거웠다.

교실에서 재성이에게 맞는 교육을 해줄 수 없어서 다문화 특수반 - 꿈두레반에 상의를 하기도 했다. 하지만 현재의 아이들로도 포화 상태인 다문화 특수반 교실에 책상에 앉아있지도 못하는 아이를 맡길 수는 없었다. 혹시나 하고 특수학급 선생님에게 상담했다. 하지만 특수반에서는 우리나라 말을 하지 못하는 아이이니 다문화 특수반에서 맡는 게 더 맞지 않겠냐고 말했다. 처음엔 서운했지만, 사실 두 선생님의 이야기가 맞았다.

두 학급에서의 학습이 다 필요한 아이인데 한국 교육의 특성상 통합이 잘되지 않아 어느 곳에서도 아이를 맡아 줄 수 없다는 것을 알게 되었다. 일반 특수학생은 원적 학급에 속해 통합수업을 하는데, 아직 다문화 학생이 특수학생인 경우는 사례가 없었던 것 같다.

재성이가 특수반에 들어가기 위해서는 장애 판별을 받아야 하는데, 교육청에 의뢰하는 절차도 있었고 시간이 필요해서 당장 교육을 할 수는 없는 노릇이었다.

내 힘을 벗어나는 큰 프로젝트 형 숙제인 재성이를 어떻게 도와야 할지 어디까지가 내가 할 수 있는 영역인지를 아는 것이 힘들었다. 솔직히 아이를 내버려 두어서는 안 되겠는데, 이 문제를 풀어가기에는 없는 길을 만드는 것 같은 노력이 필요하고 끈질긴 의지가 필요하다는 계산만이 들었다.

　'나는 과연 재성이를 도울 수 있을까?' 아니,
　'재성이 문제를 해결할 의지가 있을까?'

달콤한 딸기와 함께하는 봄

여름 선생님과 나는 통합교과 '봄'을 연구하면서, 아이들이 봄을 느끼기 위해 뭐가 좋을지 고민했다. 먼저 봄에 푹 빠지도록 하기 위해 현장체험학습지로 연천에 있는 딸기농장을 선택하기로 했다. 그렇게 결정한 가장 큰 이유는 임마누엘이 딸기를 너무 좋아하기 때문이었다. 우리가 딸기농장에 가기로 하고 수업시간에 힌트를 주었을 때 임마누엘은

"스트로베리? 좋아요, 좋아!" 하며 큰 눈을 더 크게 뜨고 엄청나게 좋아했다. 임마누엘 엄마도 완전히 좋아했다. 물론 유치원 때 미리 다녀온 친구들이 있었지만, 대부분 아이가 만세를 부르며 좋아했다. 1학년 아이들의 이런 점이 좋았다. 똑같은 말을 5~6번 해야 하고 그들의 언어로 맞춰야 하지만 이런 순수한 영혼을 가진 꼬마 친구들의 영웅이 되는 것은 얼마나 가치 있는 일인가! 기꺼이 받아들이며 현장학습을 잘 준비하기로 했다.

아이들의 기대를 어깨에 메고 여름 선생님과 나는 차로 30분 정도 거리의 딸기농장으로 답사를 다녀왔다. 하우스 안에 들어가자마자 진하고 달콤한 딸기 향기가 가득했다. 맛으로만 먹었던 딸기의 향기에 취하다니! 우리는 딸기농장의 여기저기를 돌아보며 아이들의 눈으로 살폈다. 아이들이 딸기에 푹 빠져 신나게 체험할 모습을 상상하니 두근두근 설레었다.

풀꽃을 엄마께 드릴 생각을 하며 행복해하는 아이

드디어 현장학습 날! 버스 한 대로 두 반이 함께 타고 한적한 시골길을 달려 딸기농장에 도착했다. 농장 길목이 좁아 버스를 주차할 수 없어, 군부대 입구에 버스를 대고 시골길을 걸어 들어갔다. 작은 차 한 대 지나갈 수 있는 구부러진 시골길 옆은 아직 농사짓기 전 겨울을 지낸 논과 밭이 있었고, 산에서 내려오는 맑은 물이 농수로를 따라 흐르고 있었다. 길가에 핀 작은 제비꽃과 개망초, 이름 모르는 꽃들을 보며, 봄바람에 취한 채 우리는 노래를 부르며 걸었다.

늘 아이들은 이렇게 물어본다.

"선생님 다 왔어요?"

늘 이렇게 대답한다.

"아니! 좀만 가면 돼!"

또 이렇게 물어본다.

"선생님 다 왔어요?"

"아니! 좀만 가면 돼!"

"얼마나 가야 해요?"

다시 이렇게 대답했다.

"좀 참고 가자! 거의 다 왔다니까!"

그리고 폭발하기 전 마지막 쐐기를 박았다.

"또 물어보면 제일 늦게 들어가게 할 거야!"

"………"

역시 나는 아이들을 다룰 줄 아는 선생이다!

도착해서 농장 문을 열고 여름 선생님과 내가 누렸던 딸기 향을 아이들에게 선물해 주었다. 선물이 통했는지 아이들은 딸기 향에 빠져 그날따라 말을 잘 들었다. 줄을 잘 지켜서 한 명씩 들어갔다. 딸기에 경의를 표하며 소중히 여기고, 잡아당기지 않고 가르쳐 준 대로 똑! 잘 끊었다. 욕심도 많이 부리지 않고 담는 만큼 많이 따 먹었다. 나중에는 아이들이 입을 열면 딸기 냄새가 솔솔 날 정도였다.

딸기를 즐겁게 딴 후에 딸기 잼을 만들었다. 잼을 만들기 위해 서로 사이좋게 휘휘 젓는 모습이 평화로웠다. 너무 굳지 않도록 적당히 졸여서 빵을 구워 발라먹었다. 군침이 얼마나 도는지 빵 몇 개를 아이들에게 사정해 얻어먹었다.

페버도 임마누엘도 딸기 앞에서는 정말 말을 잘 들었다. 나보다 딸기가 더 매력적인 것을 인정하고 싶다.

딸기를 한가득 담고 좋아하는 아이

마지막으로 딸기 셰이크를 만들 때는 정말 재미있었다. 작은 손잡이가 있는 컵 밑에 얼음과 소금을 넣고 윗부분에 딸기와 우유를 넣어 음악에 맞춰 흔드는 것이었다. 상상되겠지만, 우리 아이들은 역시 흔드는 것을 잘한다. 신나는 음악에 맞추어 '셰이킷! 셰이킷!' 하며 두 손으로 컵을 흔들었다. 그동안 보지 못했던 그루브와 환호성 집중력을 보며 깜짝 놀랐다. 교실에서 보지 못했던, 즐겁게 춤추는 모습에 보는 여름 선생님과 나도 좋아서 한참을 웃었다.

통합교과서 『봄』은 느끼면 되는 것 아닌가? 봄이 얼마나 행복한지 딸기를 통해 보고 만지고 먹고 행복하게 느끼면 끝인 것 같다. 내가 만든 딸기도 아니고 봄도 아닌데 뿌듯함은 나의 몫이었다!

나무에 피는 튀김

여름 선생님과 나는 온 책 읽기를 계획하면서 「아카시아 파마」 책을 읽어주기로 했다. 「아카시아 파마」를 읽어주고 아카시아 꽃 튀김을 해 먹기로 했다. 그러기 위해 학교 앞 어등산 둘레길에 놀러가서 아카시아 꽃을 따오기로 계획을 세웠다.

미리 둘이서 어등산 둘레길에 답사를 다녀왔다. 그런데 5월 초인데도 아카시아 꽃이 보이지 않았다. 둘레길 입구 쪽에는 조그만 아기 나무만 있어서 꽃이 필 리가 없었다. 게다가 떡갈나무만 잔뜩 있어서 제발 아카시아가 나와야 할 텐데 걱정하며 올라갔다.

5월의 봄 숲은 참 아름다웠다. 내가 제일 좋아하는 연초록빛이, 다가올 4계절에 대한 설렘을 속삭인다. 제법 자라난 초록 잎들 사이에 하얀 꽃들을 포도처럼 매단 이름 모르는 나무도 보였다. 둘레길에는 할머니 할아버지들이 운동하시느라 가끔 다니셨다. 한참 올라가도 보이지 않는 아카시아 걱정이 앞섰지만 봄 동산에 산책 온 즐거움이 더 컸다.

우리는 쭉 올라가다가 운동기구들이 있는 언덕 - 굴다리 위의 끝에서 드디어 아카시아를 찾았다. 아카시아가 제법 있는 장소를 찾고 손뼉을 치며 "다행이다."를 연발했다. 이 정도면 튀김용 꽃을 충분히 얻겠다 싶었다. 거기서 아카시아 꽃 점을 치고 아카시아 파마를 해주기로 계획을 세우고 돌아왔다.

돌아오는 길에는 일부러 반대 길로 왔다. 나지막한 산길에 심은 지 얼마 안 된 소나무들이 잔뜩 있어서, 소인국에 온 것 같은 느낌을 받으며 두런두런 이야기하며 왔다. 그런데 갑자기 앞에 큰 너구리가 둥실한 엉덩이를 뒤뚱거리며 가고 있었다. 너구리가 등치가 있어서인지 무서웠다. 조금 긴장되긴 했지만, 다행히 아무 일도 없었다. 이 너구리도 우리가 무서웠는지 천천히 도망갔다.

우리는 답사 다음 주에 바로 「아카시아 파마」 책을 읽고 둘레길을 가기로 계획을 세웠는데, 미세먼지가 계속 심했다. 게다가 좀처럼 필 기미를 보이지 않는 아카시아 꽃 때문에 마음을 졸였다. 내년에는 미세먼지 때문에 포기해야 할 수도 있겠다는 생각도 들었다. 그런데, 5월 중순이 되자 신기하게도 아카시아 꽃이 여기저기 보이기 시작했다. 우리는 서둘러서 책을 읽고 아이들과 함께 어등산 둘레길을 올랐다.

둘레길에 오르기 전에 산이 허락하지 않으면 우리는 길을 오를 수 없다며 우리를 허락하는지 보자고 했다. 가는 길에 어린잎들을 관찰했다. 처음엔 아이들이 둘레길을 오르는 것을 힘들어하지 않을까 걱정했는데 의외로 잘 걸어서 30분도 되지 않아 목적지에 도착했다.

거기서 우린 아카시아 잎을 따서 사랑 점을 치기로 했다. "친구들과 사랑 점을 쳐보자!" 하다가 임마누엘이 갑자기 여름 선생님과 사랑 점을 치고 싶다고 했다. '짜~식 담임은 난데, 여름 선생님 예쁜 건 또 알아서!' 속으로 서운해하며 지켜봤다.

아이들이 같이 외쳤다.
"사랑한다!"
"안한다!"
"사랑한다!"
"안한다!"

.

.

"사랑한다!"
"안한다! ! !"
갑자기 임마누엘 표정이 어두워지더니
"으앙" 울기 시작했다.
"김여름 선생님이 나 안 사랑해!"
여름 선생님과 나는 당황해 어쩔 줄을 몰랐다.
옆에서 지켜보던 아이들은 임마누엘을 달랬다.
임마누엘에게
"사랑 점은 장난으로 하는 거야!" 하며 여름 선생님이 임마누엘을 사랑한다고 대충 입막음을 했다.

임마누엘을 겨우 진정시키고 앞으로는 잎사귀 숫자 세어보고 사랑 점을 쳐야겠다 결심했다. 그리고 우리는 화제를 전환시키기 위해 바로 아카시아 꽃을 사냥했다.

아카시아 꽃 점을 치며 즐거워하는 아이들

"와! 이 향기 좀 맡아봐! 진짜 진하지!"

아이들은 우르르 몰려와 아카시아 향기를 맡아 보기 위해 코를 들이댔다. 진짜 향기가 매혹적이었다. 아카시아 꿀이 아카시아 꽃에서 나는 것도 알려주고, 아카시아 껌 CF송도 부르며 소중한 먹거리를 달래가며 다루었다. 모든 꽃을 따지 않도록 지도하고 조심해서 따게 했다. 아이들은 포도송이를 따듯 아카시아 꽃을 한 송이씩 따서 비닐봉지에 넣었다. 여름 선생님 키가 170이 넘어 까치발을 해서 손이 닿는 곳까지 딸 수 있었다. 이럴 땐 키 큰 선생님이 좋았다. 한 사람당 한 송이 정도 맛볼 목표량을 채운 뒤 다시 학교로 돌아 내려왔다.

돌아와서 아이들을 보내고 아카시아 꽃을 물로 가볍게 헹궈 플라스틱 소쿠리에 말려놓았다.

다음날 바로 수업시간에 여름 선생님이 튀김가루 옷을 입혀 꽃튀김을 한 바구니 만들었다. 아이 한 명당 꽃 튀김 한 송이씩 먹었는데, 부족했는지 자꾸 손가락을 빨았다. 나도 먹고 싶었는데 너무 꽃을 아껴 따왔는지 교사들 건 없었다. 정말 먹고 싶었다.

그 뒤론 아카시아 꽃을 보면 꽃 튀김으로 보인다.

① 아카시아 나무를 발견한다.

② 아카시아 꽃을 딴다.

③ 아카시아 꽃 사진

출처 : 국립수목원 국가생물종지식정보

④ 깨끗이 씻어 물기를 제거한다.

⑤ 반죽을 만들어줍니다.

계란 흰자   물   전분 가루   소금
2개   4큰술   6~7큰술   2꼬집

⑥ 반죽에 담갔다가 털어줍니다.

⑦ 기름에 튀겨줍니다.

⑧ 거름망에 식혀주세요.

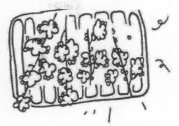

⑨ 츄러스 가루를
만들어주세요.

시나몬가루+설탕을 뿌려
준비해주세요 ☺

⑩ 츄러스 가루에 묻힌 후
그릇에 담아주세요.

완성!

희선이

    수업시간에 희선이는 별로 의욕이 없다. 늘 다른 짓을 하거나 멍하게 있거나 하고, 모둠 활동에도 잘 참여하지 않는다. 친구들과도 잘 어울리지 않는다. 지영이와 놀고 싶은데 지영이는 인기가 많아 바빠 다른 친구들과만 논다. 희선이는 쉬는 시간에도 외롭다. 아이의 환경을 알기 위해 학기 초 학부모 상담주간에 엄마 퇴근 시간에 맞춰 가정방문을 했다. 학교 바로 앞 아파트라 6시쯤 내려갔다.

    희선이 엄마는 6시에 유치원 통학차에서 동생 인선이를 맞이하고 있었다. 초코파이와 바나나 우유를 건네주며 인사하는데 엄마도 희선이를 닮아 키가 크고 마르고 힘이 없는 얼굴이었다. 독감에 걸려 집에 있는 두 어린 딸 걱정에 가로등을 꽝 들이받아 입술까지 터져서 더 안쓰러워 보였다.

    항암치료가 끝난지 1년이 안되어서 독감은 특별히 조심해야 했다. 어쩔 수 없이 이야기는 나누지 못하고 잠깐 집안만 보고 바로 돌아와야 했다. 그런데 현관에 3년 전 돌아가신 희선이 아버지 영정사진이 있었다. 거기에 향이 여전히 타고 있어 향내를 맡으며 들어가는데 어지러운 집안의 모습과 힘없는 엄마의 모습, 철없는 우리 희선이가 함께 머릿속을 맴돌며 눈물이 핑 돌았다.

아직 돌아가신 아빠의 존재를 그리워하고 계시구나. 이 막막한 한국에서 의지할 태산 같은 남편이 가버렸다. 말도 통하지 않는 이곳에서 철없는 딸 둘을 데리고 하루하루 살아가야 한다는 것은 그녀에게 어떤 것인지 얼굴만 봐도 느낄 수 있었다.

같은 여자로서 '나라면 어땠을까?' 상상도 못 하겠다. 금방이라도 쓰러질 것만 같은 가녀린 엄마의 모습을 보며 희선이가 무엇을 느낄까?

희선이의 모습이 엄마의 모습이었다. 늘 힘이 없는 엄마의 모습을 보고 희선이보다 한 살 어린 동생을 더 돌봐야 하는 엄마에게 희선이는 자신이 어떤 존재라고 느꼈을까?

학급편성에 대한 변명

사실 나는 앞으로 어떤 교사로 살아갈지에 대해 결정을 못 내렸다. 그래서 그런지 승진에 대한 행보가 늘 갈지자를 보인다. 이 학교에 들어갈 때는 혁신학교의 실패에서 느낀 절망과 분노의 감정으로 인해 분명 승진해야겠다 결심했다.

'나처럼 평교사로 혁신하려는 교사들에게 우산이 되어 줘야 해!' 결연히 의지를 불태웠다. 하지만 살다 보니 가르치는 재미로 승진해야 한다는 결심이 멀리 가버렸다. 나는 의지박약이다. 그토록 상처받고 분노하며 결심한 것도, 경쟁해야 하는 현실 앞에 마주하면 쉽게 포기하고 만다. 물론 이 말은 자기방어이자 어리석은 변명이다.

그래서 한번 승진점수를 얻어 보고자 학급편성에 신경 썼다. 부끄럽고 무식한 고백이다. 나중에 알고 보니 점수를 얻을 수 없었다. 우리 반에 아무리 다문화 학생이 많아도 다문화 특별학급에 들어가 공부하는 학생이 있어야 했다. 게다가 그중에서도 교사에게 점수를 주는 학생 수가 한정되어 있었다. 다문화 학생을 열심히 가르치면 점수를 준다는 순진한 생각은 어리숙한 나만의 착각이었다. 심지어 그 사실을 깨닫는 데만 1년이 걸렸다. 교감 선생님이 몇 번이나 말씀해주셨는데, 내 마음의 소원이 있으니 원하는 바로 들렸나 보다.

그렇게 편성된 우리 반 아이들은 내게 신선한 충격을 주었다. 한국에서 나고 자라서 외모만 다문화인 친구들이 너무 많았다. 물론 시간이 지나면서 조금씩 달라졌다. 가정을 들여다보니 그들의 어려움이 보였지만 교실은 일반 학교와 큰 차이가 없었다. 대부분 한국말에 어려움이 없었다. 심지어 외국인 부모 사이에서 난 아이들도 한국에 온 지 오랜 친구들은 한국말을 잘했다. 한국에 들어온 지 2년이 넘으면 의사소통에 어려움이 없었다. 어른들과 달리 아이들은 역시 쉽게 배우는 것 같다.

내가 만난 교실의 다문화 학생은 크게 네 종류의 가정으로 나뉘었다. 두 분 모두 외국인인 외국인 노동자 가정, 한국인 아빠와 외국인 엄마가 결혼해 사는 가정, 외국인 엄마 홀로 한국인 자녀를 키우는 가정, 외국인 엄마가 홀로 한국인 자녀를 키우다가 외국인과 재혼한 가정 등이었다.

이 중 첫 번째 아이들은 외국인 아이들이지만, 부모가 한국에 온 뒤에 아이를 낳아서 아이들이 한국어를 잘했다. 집에서는 부모와 자국어를 쓰지만, 교육기관에서는 모두 한국어를 쓰기 때문에 2년 정도 지나면 잘할 수밖에 없다.

두 번째 아이들도 엄마와 아빠 사이에 의사소통의 장벽이 있지만, 한국에서 자라서 한국말을 잘한다. 사실 한국 사람이다. 한국에서 살다 보니 오히려 엄마와 대화가 어려워지는 것이 안타까운 현실이다.

세 번째 외국인 엄마 홀로 한국인 자녀를 키우는 다문화가정이 가장 아프다. 보통은 이혼하지만, 사별한 가정도 더러 있었다. 이 아이들도 국적은 한국이다. 역시 학교에서는 한국말을 사용하나 집에 가면 엄마의 언어가 다르다. 한 부모만 있는데, 소통이 안 된다. 학교에서 있었던 일도 말할 수가 없고, 알림장과 가정통신문 - 중요한 내용도 설명하기가 힘들다. 말이 통해도 기본적인 내용만 주고받을 수 있다. 이 가정에 가장 도움의 손길이 필요하다고 생각한다.

마지막으로 감사하게도 - 내가 지켜본 바로는 감사하다. - 다시 재혼을 통해 가정의 울타리를 지킨 가정의 아이들은 괜찮다. 의사소통에 문제가 있지만, 가족의 언어를 잘 배워가며 학교생활도 곧잘 했다. 모든 다문화가정의 사례는 아니지만 적어도 내 주변의 가정들은 그랬다.

선하지 않은 동기로 학급을 편성했지만, 결과는 다행히도 괜찮았다. 나와 함께한 다문화 학생들과 학부모는 선하신 그분의 학급편성이었다. 나는 이기적이고 편하고 싶은 교사였지만 답답해서 가정방문을 하고, 가정통신문을 받아오는 과정을 통해 이들의 삶을 알게 되었다. 알게 되니 모른 척할 수도 없고 결국은 내 마음이 편하기 위해 일했다. 내 선에서 해결할 수 있는 부분을 하나씩 하다 보니 아이들에게 도움이 되었다. 부담스럽지 않은 선에서 돕다 보니 서로 영향을 주고받았다.

교사생활은 방과 후에 모니터 앞에서 보내는 시간이 제법 많다. 교실 안에서 가르치다, 아이들이 돌아가면 늘 컴퓨터로 업무를 처리하는데 익숙한 편이다. 메신저와 메일, 업무 포털로 여러 창을 한꺼번에 열며, 업무 하나가 끝날 때면 마음에 개운함이 있었다.

하지만, 서류 작업할 때 느끼지 못했던 생기가 발로 뛸 때 생겼다. 아이들이 사는 동네를 함께 걸으면 살아있는 것 같았다. 아이들의 집을 방문하고 이집 저집 관계를 만들어가는 이 일은 가슴을 뛰게 했다. 교실에서 교과서 너머로 마주치는 눈빛만으로는 충분하지 못했던 감동을 얻었다. 관계가 연결되고 삶 속에서 가르치는 기쁨을 얻었다.

그 봄에 미세먼지로 숨쉬기 힘들었지만, 그래도 어등산은 열심히 일했다. 어린잎을 낳아 푸르게 가꾸고 아름다운 꽃을 피워냈다. 아이들과 학부모와의 살아있는 만남이, 아팠던 교사인 내게 그렇게 회복의 꽃을 피우기 시작했다.

나는 즐거운 학교에서
사이좋은 친구들이랑
받아쓰기 2급 연습하고
맛있는 컵라면을 먹었다.
매워서 엄청 맛있었다.

- 학교가 즐거운 1학년 일기 -

Summary

여름

교가가 너무 어려워요!

　오늘 수민이가 2시간 동안 엉엉 소리를 내며 울었다. 발단은 학교 교가를 배우면서였다. 당연히 한글로 노래를 불렀다. 읽으면서 불러야 하는데 쉽게 따라서 할 수 없는 복잡한 가사였다. 사실 수민이는 받아쓰기는 항상 100점이고 수업시간에 국어 공부도 뒤처지지 않는 친구였다. 욕심도 많아 다 잘하고 싶어 했다. 그런데 필리핀 엄마, 할머니와 집에서 영어만 쓰다 보니 아무래도 교가는 힘들었나 보다.

　아이는 큰 눈을 촉촉이 적시며 참고 있었는데, 결국 내가
　"수민아 왜 그래?"라고 묻자
　"너무 어려워요. 부를 수가 없어요!" 하면서 울음을 빵 터트리고 말았다.

　세상에 학교에서 노래를 부르면서(노래는 아이들이 다 좋아할 거라 여기며 일부러 불렀는데) 가사를 못 읽어 노래를 못 부르는 것

을 상상하지 못했다. 수민이는 점점 더 큰 소리로 울었다. 눈물을 흘리면서 목 놓아 울었다.

노래 때문에 속상해서 우는 것인지
자존심이 상해서 우는 것인지,
그동안 살아온 삶의 아픔이 한꺼번에 몰려와 우는 것인지,
엄마와 할머니의 아픔까지 함께 몰아서 우는 것인지
정말 꺼이꺼이 울었다.

친구들이 시끄러워서 노래를 부를 수 없을 정도로
선생인 내가 미안해서 노래를 부르자고 할 수 없을 정도로
나중엔 하도 울어서 어쩔 수 없이 큰소리로 야단을 쳐서 멈췄다.
방과 후엔 수민이를 남겨서
"수민아 교가가 어려웠어?" 물었더니 고개를 끄덕거렸다. 할 수 있는 것만 하면 잘 배울 수 없다고 어려운 것도 도전해 가야 성장할 수 있다고 설명해주고 꼬옥 안아줬다
집에 갈 때 수민이가 큰 소리로 인사했다.
"선생님 내일 봐요~~" 인사하는 모습에 안심했지만, 오후에 꿈두레반 선생님에게 한글 공부하는 책들을 구해뒀다.
부디 수민아 네게 한글이 장애물이 아니라, 이 대한민국 사회에서 잘살아갈 수 있는 기본 도구가 되길 바란다.

넌 이름처럼 빼어나고, 사랑스러운 아이란다.

우리나라 꽃을 그려 붙이고 즐거워하는 수민, 예원, 예준, 페버

페버 엄마가 돌아오시다

페버 엄마가 나이지리아에서 돌아오셨다. 갑자기 예고도 없이, 꿈두레반에 들렀다가 교실에 오셨다. 페버를 닮아 얼굴에 총명함이 느껴졌다. 그런데 배가 많이 부르셨다. 우려하던 것과 달리 - 사실 페버는 다시 돌아온다는 엄마의 이야기를 확신하기에는 너무 어린 나이였다. - 돌아오셨다. 페버 엄마는 아기를 낳기 전에 나이지리아에 가서 가족들 얼굴을 다시 보고 좀 쉬다 오고 싶었다고 이야기했다. 일단 안심이 되었다.

만삭이 된 외국인인 여자 - 페버 엄마의 산후요양과 보험이 걱정되었다. 어느 병원에서 아기 낳을지 물어보았다. 다행히 인근 포천에 병원이 있어서 아기를 낳고 도움을 얻을 수 있다고 해서 안심했다.

페버에 대해 상담할 내용이 많으니 가정방문을 하고 싶다고 이야기하고, 바로 날짜를 잡아 페버네 집에 드디어 가정방문을 하게 되었다.

페버도 역시 딸기를 너무 좋아해 딸기를 검은 비닐에 넣어 들고 갔다. 학교에선 장난꾸러기지만, 내가 집에 가니 수줍어했다. '녀석도 집에서는 별수 없는 귀여운 아이이구나!' 생각이 들었다.

페버네 집은 비교적 깔끔하고 좋았다. 페버는 자기 방도 있고 침대와 책상까지 있어서 여느 한국 아이들과 다를 바가 없었다. 그날은 유독 학교에서 심하게 혼이 나서 내가 싫었는지 옆으로 잘 오려고 하지 않았다. 하지만 작정하고 페버 들으라고 엄마와 함께 페버를 칭찬했다. 조기입학으로 아직 유치원생이어야 하는 꼬마가 형님들과 한글을 함께 공부하고, 집에서는 아빠에게 영어 철자를 배울 만큼 똑똑한 것을 강조했다. 페버 엄마는 아들을 무척이나 자랑스러워했다.

그리고 정말 하고 싶었던 이야기 - 말을 너무 안 들어서 힘들다는 이야기를 했다. 그런데 페버 엄마는 한국 부모님과는 다른 의외의 이야기를 했다. "Do not allow pamper."라고 조언하며 단호하게 하라고 알려줬다. 어리광을 피우는 것을 받아주지 말라며, 선생님 말씀을 듣지 않을 때 엄하게 해달라고 부탁했다. 아프리카계 아이들은 가부장적인 문화가 커서 부드럽게 대해서는 절대 말을 안 듣는다는 조언을 들었는데, 엄마 이야기를 들으니 확신이 생겼다. '엄하게'는 오랫동안 교사생활을 했지만, 나에게 맞지 않는 옷이다. 엄하게 가르치는 것은 힘이 엄청나게 들어간다. 오늘은 좀 엄하게 가르쳐야지 결심해도 하루를 못 간다. 쉽게 힘이 풀리고 웃음이 나와 엄하게 가르치는 것이 어렵겠다 싶었다. 그래도 나이지리아 친구들에게 필요한 옷이라면 앞으로 전 인격을 다해 엄하게 가르쳐야 겠다고 마음먹었다. 그래도 페버 엄마가 돌아오셔서 안정이 좀 된 것 같아 다행이었다. 이제는 엄마와 함께 협공을 시작한다.

페버 기다려라!

동두천 복지 어벤져스 - 1차 통합회의

여기서 선생님 두 분을 소개하고 싶다. 뜬금없어 보이지만 글을 다 읽고 나면 이해가 될 것이다. 한 분은 이인숙 선생님이다.

다문화 방문 도우미 선생님이시다. 동두천시에서 관리하는 다문화가족지원센터 소속으로 자원봉사하시는 분인데, 이분이 재성이 형 재동이를 방문해서 가르치셨다.

우린 만날 수밖에 없는 관계였다. 우리 집 큰아이 학교 학부모 회장님이셨고, 혁신학교에서 학부모 담당자로 일할 때 학부모들과 연결되어 소식을 들었고, 1학년 희선이 방문 선생님이셨고, 다시 1학년일 때 또 우리 반 재성이 형을 가르치셨다.

희선이 엄마에게 연락했을 때 엄마 대신 통화하게 되었고, 희선이를 상담하면서 알았고, 서로가 공통점이 많다는 사실에 놀랐다. 페이스북으로도 매일 뭐 하는지 아는 사이다. 작은 도시에 살기 때문이라는 생각이 든다.

이인숙 선생님과 재성이 일로 상의를 했다. 재성이 사정을 말씀
드리고 어떻게 도와야 할지 모르겠다고 하자, 선생님이 동두천시
다문화가족지원센터에 연결을 해주셨다. 사례관리 담당자 이민정 선
생님으로부터 연락이 왔다.

이분을 주목해야 한다. 난 이민정 선생님을 엄청나게 존경한다.
선생님에게 기존 학교 교육으로는 재성이를 가르치기 어려우니 다
문화가족지원센터에서 도와달라고 아이의 사정을 말씀드렸다. 물론
센터에서 이미 돕고 있는 가정이었다. 하지만 센터에서는 내 이야
기를 듣고, 더 필요한 지원을 위해 회의를 열었다. 선생님은 꾸준히
재성이 가정을 관리하셨다. 회의에 두 번 참여했다. 교사의 시각으
로는 이분들의 지원을 한 눈으로 보는 데에 한계가 있지만 일단 보
이는 부분을 나누고 싶다.

첫 번째 회의는 5월 16일 재성이 가정방문의 성격으로 이루어졌
다. 동두천시의 두 기관 '다문화 가족지원센터'와 '드림스타트3)' 그
리고 '보산초등학교' 세 기관이 통합하여 재성이 가정을 진단하고
도우려고 모였다. 재성이 집은 보산동 골목 끝에 위치한 다세대 주
택이었다. 마당을 중심으로 세 집 정도가 있었는데, 거기 마당에서
재성이가 세발자전거를 타고 할머니와 놀고 있었다. 재성이는 나를

---

3) 드림스타트 – 하늘 아래 모든 아이가 행복한 세상이라는 기치 아래 아동들의 공평한
양육여건과 출발기회의 보장, 문제의 조기 진단 및 개입을 위해 통합적이고 예방적
인 서비스를 제공하는 건강, 복지, 보육, 교육프로그램을 통합한 전문적·맞춤형 서
비스를 제공하는 국가 주도 아동복지 프로그램. (동두천시 드림스타트 누리집에서
발췌)

보고 좋아했다. 아이 손을 잡고 집으로 들어가 보니 다섯 분이 이미 와 계셨다. 드림스타트 담당자(11년 전 가르쳤던 제자 어머님), 통역(예준이 어머님), 재성이 언어발달 지원교사(이인숙 선생님), 이민정 사례관리 선생님, 같은 필리핀 동료분, 그리고 재성이 선생님 나 이렇게 6명이 재성이 엄마와 함께 회의했다. 반가운 얼굴들을 보며 재성이 가정의 사정을 더 자세히 알게 되었다. 재성이 엄마, 할아버지, 할머니, 재동이, 재성이가 방 1개 달린 집에서 함께 살았다. 재성이 엄마가 얼마나 답답하고 힘들었을까 가늠이 되었다. 재성이 아빠가 없는 빈자리에서 남겨진 두 아이와 또 아이를 돕기 위해 필리핀에서 온 두 부모님까지 이곳 한국에서 부양해야 하는 처지가 힘겨워 보였다.

회의의 목적은 재성이의 한국어 습득을 돕기 위한 상담이었다. 그런데 회의 과정에서 아이를 학교에서 관찰한 모습을 이야기하다 보니 한글 문제가 아니라 아이의 정서적 지적발달을 지원해야 한다는 결론을 내리게 되었다. 회의 과정에서 이분들의 특성상 진단을 정확하게 하고자 숙고하시는 과정이 답답하게 느껴져서 화가 났다. 사실 난 재성이를 맘에 안고 고민한 지 몇 개월이 되었고 문제를 빨리 풀고 싶었다.

이분들은 얼핏 보기에는 비슷해 보이지만, 서로 다른 기관에서 일하며 업무가 나뉘어 있어서 어떤 방식으로 통합할지에 대한 숙고가 필요했다. 내가 보기엔 그 정도로 답이 나온 것 같은데, 다음 회의가 또 필요하다고 하자

"회의는 그만하시고 아이를 도와주세요! 저는 몇 개월 동안 아이

를 보면서 다문화이면서 특수반에 해당하는 재성이를 그 누구도 끌어안지 않는 것이 힘들었습니다. 이번에도 누군가 재성이를 꼭 특수교육을 받을 수 있도록 끌고 나가고자 하는 의지가 없다면 아이는 그냥 학교 교육도 받을 수 없는 상태가 될 수 있습니다. 회의보다는 결정을 해주시고, 의지를 갖추고 진행해 주세요!" 하고 요구했다. 지금 생각하면 너무 당돌하고 무례했다.

어떻게 해주지 못하는 제도적 양심적인 어려움을 이분들에게 전가했던 것이었다. 말하고 나니 시원했지만 미안한 마음도 사실 많았다. 감사하게도 이분들은 나처럼 무례하지 않으시고, 끊임없이 아낌없이 분절된 업무의 바운더리를 최대한 연장했다. 타 부서 간에도 서로 연합하셨다. 결국, 재성이가 진단받을 수 있도록 근처 병원에서 장애등급을 받도록 지원했다.

여름방학이 지나고 나서 다문화가족지원센터에서 학교로 재성이 언어치료 선생님을 보내주셨다. 아이의 등하교를 자발적으로 도우며 다문화 특수학급과 연계해 지도하셔서 안심했었다. 하지만 다시 한 달이 지나지 않아 등하교를 돕는 것은 이분들에게 허락된 일이 아니라는 것을 알고 눈물을 머금고 포기하셨다. 언어치료 선생님의 도움을 받는 동안 재성이는 교실에서는 뛰어다녔지만, 언어치료 수업을 할 때는 책상에 곧잘 앉아서 선생님과 한글 공부를 잘했었다. 그래서 더욱 안타까웠다.

그런 와중에도 다문화가족지원센터의 도움으로 특수교육을 위한 검사가 진행되었다. 생각보다 시간이 걸렸는데, 도중에 어려움도 있었다. 재성이 검사를 종이로 하는데 아이가 한국말을 읽거나 쓸 수 없을 뿐만 아니라 듣고 이해도 하지 못해서, 종이로 된 검사지는 안 된다는 것이었다. 그래서 의사 선생님이 임상을 통해 ADHD(주의력 결핍 과잉행동 장애) 진단을 내려주셨다.

이 진단을 받기 위해 얼마나 기다려 왔던가! 정말이지 내 인내심을 연단하는 과정처럼 느껴졌다. 재성이를 잘 가르치지 못한다는 무능력함과 재성이 가정에 대한 안타까운 마음, 문제를 해결해주길 바라는 마음을 다문화가족지원센터에 짐 지우며 마음을 졸였다. 무엇보다 마음의 짐을 빨리 내려놓고 싶었다. 그래서 이렇게 외치고 싶었다.

'동두천 복지 어벤져스! 빨리 재성이를 도와주세요!'

파키스탄에서 온 왕자님, 공주님

우연히 파키스탄 남매를 모두 가르친 적이 있다. 파키스탄이라는 나라는 지도에서 혹은 인도와 종교 대립으로 인해 분리 독립한 국가 정도로만 알고 있었다.

파키스탄에서 온 첫째 아들 아딜을 처음 만났을 때 아딜은 1학년 치고도 체구가 조그맣고 왜소한 어린아이였다. 그렇지만 파키스탄 왕족처럼 금장 장식이 된 하얀 정장을 입고 있었다. 파키스탄 계통의 얼굴은 베트남, 필리핀, 태국 등 아시아 계통의 얼굴과는 생김새가 확연히 달랐다. 콧등은 곧고 찌를 듯이 높으며 눈은 짙은 쌍꺼풀과 길고 풍성한 속눈썹이 있었다. 머리는 파마 한 것처럼 곱슬곱슬했다. 한마디로 인형 같았다.

이 왕자님을 2년 동안 가르치게 되었는데, 한국어를 배워가는 그

과정이 너무 신기하였다. 맨 처음 아딜은 자신의 이름을 'ㅇ', 'ㅏ', 'ㄷ', 'ㄹ', 'ㅣ'. 이 순서대로 썼다. 마치 프린터기가 작동하는 것처럼 왼쪽부터 보이는 순서대로 한글을 쓰는 것이었다. 덕분에 아딜어를 해독하는데 꽤 오랜 시간이 걸렸다.

아딜어를 해독한 이후에 아딜은 더욱 특이한 언어로 나를 놀라게 했다. 어떤 두 비슷한 의미나 느낌을 가지면 종종 바꿔 쓰곤 하였다. 예를 들어, 책을 읽다가 책장이 찢어지면

"섬샘미, 책이… 책이… 뿌러져쒀여."라거나 친구가 계단에서 넘어지면

"섬샘미! 큰일났어요. 친구 계단에서 무릎… 엎질렀어요."라고 하곤 했다. 하지만 아딜은 신기하게도 한번 말하면 쏙쏙 기억하고는 다음부터는

"책 찢어졌어요! 붙여주세요.",

"친구가 계단에서 넘어졌어요." 하고 제대로 사용하는 능력이 있었다.

아딜은 종종 머리가 아프다고 했다. 다문화 특별학급 선생님과 나는 걱정이 많았다. 1학년으로 학교에 적응하는 것이 힘들어서 그런가, 학교 공부가 너무 어려운가 하며 원인을 파악하기 위해 노력했다. 나중에 우리가 알게 된 사실은 문화적인 부분이어서 한 번 더 놀라게 되었다. 알고 보니 파키스탄은 한국 못지않게 학구열이 높은 국가라고 한다. 게다가 아딜네 가족은 아버님이 한국에서 하시는 사업이 잘 되어서 한국에서 살 계획을 하고 계신다고 했다.

아딜은 학교에서는 한국어, 집에서는 파키스탄어, 영어를 배우느라 머리가 아팠던 것이다. 특별학급 선생님과 '에구구…' 하는 작은 탄식을 뱉었다.

아딜의 능력과 가정의 관심으로 아딜은 2학년에 들어서는 글씨도 읽고 수학 문제도 풀게 되었다. 아딜을 'ㅇ', 'ㅏ', 'ㄷ', 'ㄹ', 'ㅣ' 이라고 쓸 때부터 봐와서 그런지 정말 신기하지 않을 수 없었다.

투호 놀이 중인 아딜 왕자님

그렇게 파키스탄 첫째 왕자님을 가르치고 올해는 파키스탄 둘째 공주님을 가르치고 있다. 둘째는 알리나인데 인사성이 매우 밝고 조리 있게 말하며 친구들 사이에서 리더 역할을 한다. 쾌활하고 같이 있으면 재미있는 성격 때문인 것 같다. 아딜과 알리나의 어머님은 벌써 3년째 뵈서 나와는 친숙하다. 어머님께 알리나가 이름을

'ㅇ', 'ㄹ', 'ㅏ', 'ㄹ', 'ㅣ', 'ㄴ', 'ㅏ' 라고 안 써서 다행이라고 했더니 하하하 웃으시며, 알리나는 너무 남자처럼 행동하고 대범해서 걱정이라고 하셨다. 하긴 나도 공주님, 공주님 하고 가끔 부르지만 알리나는 의자에 올라가 "나를 따르라!"와 비슷하게 친구들을 이끌고 나가기도 하고 씩씩하게 괴롭히는 친구에게 따지기도 했다. 오히려 그 부분이 알리나의 매력이라고 말씀드렸더니 어머님도 못 말리는 알리나라는 듯이 웃으셨다. 올해는 어떤 알리나어가 있을까?

나이지리아의 영웅 유관순, 이순신?

　1학년 2학기 우리나라 단원에서 배우는 우리나라의 위인 알아보기 시간. 아이들이 알고 있는 위인들을 줄줄이 이야기해 본다.

　"저요! 저요! 저 알아요!"
　"세종대왕이요! 장영실이요!"
　"왜 저는 발표 안 시켜줘요!?"

　아이들은 의외로 많은 위인을 알고 있었다. 그중에 세종대왕, 장영실, 백남준, 이순신을 골라 함께 공부하기로 했다. 아이들과 도서관에서 책을 읽고 컴퓨터실에 가서 조사도 했다. 엉뚱한 책을 펴놓기도 하고, 컴퓨터를 켤 줄도 모르지만, 열심히 물어서 책을 들여다보고 집게손가락으로 한 자, 한 자 자판을 치며 조사하는 아이들을 둘러보다가 아뿔싸, 우리 반 다문화 학생들이 눈에 들어왔다. 다문화 학생 중에 페버, 빅토는 나이지리아에서 온 학생이다. 정확히 얘기하자면 '우리나라' 위인이 그 학생들에게는 '다른 나라' 위인이겠다는 생각이 들었다. 그런데 책을 들여다보는 그들의 눈빛이 심상치 않다.

이 녀석들 평소에는 수업시간에 실컷 떠들고 돌아다니다가 쉬는 시간이 되면 준비, 땅! 하면 푸르른 초원을 달려 나가는 경주마처럼 뛰어나가더니, 오늘은 이상하게 눈이 빛난다. 아니, 등 뒤에서도 빛이 난다. 가만히 쳐다보니 1학년 2학기 '다른 나라' 단원(그들 입장)에서 '다른 나라' 위인을 공부하는 빅토와 페버는 어떤 이유에서인지 유관순, 이순신이 제일 마음에 든 모양이다.

수업이 모두 끝나고 커피 한잔 마시고 교실로 돌아온 나는 곧 황당한 모습을 보게 되었다. 오늘따라 열심히 참여하여 이뻤던 우리의 두 소년은 서로 찌를 듯이 삿대질을 해가며, 침을 튀겨가며 살벌하게 싸우고 있었다. 내가 그렇게 젤리도 주고 머리도 쓰다듬고 칭찬도 해줬건만, 한숨 한 번 푹~ 쉬고 '그래, 너희들 또 뭐니'라는 생각으로 다가간 나는 그들의 이색적인 싸움 주제 때문에 박장대소하고 말았다.

"유관순 die for us! you don't know!"

"웃기지 마! 이순신 save us! He has only 12 ships! you don't know!"

"You don't know how 일본사람 hurt 유관순!"

"어! 너나 몰라. 이순신이 최고야."

"응~ 아니야. 유관순이 최고야."

자신들이 최고로 꼽은 위인의 훌륭한 점을 이야기하며 열심히 싸운다. 다행히 수업시간에 배운 여러 가지 이야기도 기억해내며. 나는 새어 나오는 웃음을 참으며 싸움을 말리려는데 갑자기 싸움을 멈춘 그들이 내린 결론은 단순하기 그지없었다.

유관순 책을 보이며 자랑하는 페버와 웃는 빅토

"그러게 일본사람 나쁜 사람이네!"

그 후로 그 둘은 한동안 나쁜 행동이나 말을 하는 사람을 보면 "넌 일본사람이냐?"라고 했다. 물론 아침 독서시간마다 '유관순 위인전', '이순신 위인전'은 늘 페버와 빅토 차지였다. 유관순과 이순신을 이토록 사랑하여 침 튀기는 토론도 마다하지 않는 외국인. 어디 또 있을까?

이가 아파요

셀리나는 총명하고 아주 예쁜 여자아이다. 엄마가 만들어준 옷을 입으면 마른 인형처럼 옷맵시가 산다. 강렬한 원색의 큰 무늬가 있는 원피스를 입고 나타나면 학교에 공주님이 오신 것 같다. 셀리나를 보면서 브라운이 얼마나 화려하고 예쁜 색인지 더욱 확신한다. 게다가 한글을 잘 읽고 쓴다. 수학도 잘해 수학 익힘책을 먼저 계속 풀어낸다. 그림도 잘 그린다.

하지만 셀리나는 수업시간에 자세가 안 좋다. 다리를 쭉 뻗고 있어서

"셀리나! 모델이 되려면 반듯이 앉아야 해!" 하고 가르치지만 그때뿐이다. 자세는 시간이 걸리는 문제니까….

1학년을 하면 입학 초기뿐 아니라 1학기 안에 건강검진 확인서를 받아야 한다. 보통 3개월 이상 충분히 기간을 줘서 모두 받도록 한다. 하지만 건강검진 확인서를 다 받기까지 시간이 오래 걸리고 한

명도 빠짐없이 받아야 해서 어렵다. 서류도 서류지만 부모님께 전화해서 필요성을 알리고 다녀오라고 말해도 외국인 부모들이라 우리나라 병원 자체를 어려워한다. 외국인 부모들에게만 맡기기엔 미안한 일이다. 6월이 지나도록 건강검진 자체를 모르는 친구들이 많아 결국 출장을 내고 인솔해갔다. 셀리나, 줄리, 위스덤 포함 10명 정도가 함께 갔다.

눈이 빛나는 셀리나

어르신들 가득한 병원에 귀여운 1학년 학생들이 10명 가까이 간 풍경도 눈요깃거리였지만, 대부분 다문화 학생들인 덕에 호기심과 귀여움을 한꺼번에 받으며 건강검진을 받았다. 다행히 학부모님이 병원에 근무하셔서 도움을 받았다. 아이들 외모는 외국인이지만 한국말을 잘해서 간호사들이 신기해하며 검사해주었다. 키와 몸무게, 피검사, 소변, 시력, 청력, 치과 검진을 시간에 쫓기며 모두 마쳤다.

감사하게도 건강검진 결과 대부분 양호했다. 하지만 셀리나는 이가 엄청나게 썩었다. 건강검진 덕분에 알게 된 것이다. 어금니가 대부분 까만색으로 가득 차 있었다. 수업시간에 이가 아파서

" 선생님 이가 아파요!" 하고 호소했다.

"어디 보자!" 하고 한번 봤는데 장난이 아니게 썩었다.

"진짜 아프겠다!" 했더니

"어젯밤에는 아파서 울었어요!" 했다. 치통은 진짜 아팠을 텐데

아빠한테 말했어도 아빠가 참으라고만 했다며 힘들어했다. 이 지경이 되도록 진통제도 치료도 받지 못한 아이의 현실이 너무 마음 아팠다. 나라도 치료비를 대주고 싶은데, 한국 아이여도 치과 치료비가 부담스러운데, 외국인인 셀리나가 병원에 가면 얼마나 비쌀까? 비용 걱정이 앞섰다. 정말 이럴 땐 잘 먹고 살면서 아이에게 들어가는 돈을 아까워하는 내가 밉기도 하고, 돈을 생각하면 침이 넘어가기도 했다. 양심과 돈이 싸웠는데 돈이 이겼다. 할 수 없이 그냥 기도해줬다.

셀리나 진짜 아파서 어떡하니 걱정만 하다 보건 선생님께 진통제를 구해줬다. 다행히 잘 견뎌줬다. 셀리나는 한 이틀 힘들어하다가 아픈 이 하나가 빠졌다며 좋아했다. 다행이었다. 방학이 다가오는데 이가 빠지는 8살이니 이렇게 빠지다 보면 썩은 이가 다 빠질 수도 있겠다. 안심하기로 했다. 셀리나의 아픈 이에 대해 잊어버렸다.

솔직히 잊어버리고 싶었다.

혼자 있는 아진이

　아진이는 필리핀 엄마와 한국 아빠 사이에 태어난 아이이다. 아진이는 똑똑하고 말을 잘하는데, 이상하게도 작은 일에 서럽게 우는 울보였다. 입학식 날 아진이 엄마와 할머니가 오셨는데, 엄마랑 할머니가 떨어져 있고, 엄마는 할머니를 경계했다. 나중에 알고 보니 할머니가 아빠를 피해 이 지역으로 이주한 아진이와 엄마의 행방을 알고 입학식에 참석하신 거였다. 엄마와 할머니 양쪽의 이야기를 각각 들어보니 아이가 서울에서 유치원에 다녔고, 똑똑한 아이라고 했다.

　수업시간에 발표도 잘하고 글씨도 예뻐서 칭찬을 많이 했다. 그런데, 친구들에게 따돌림받는 것에 민감해서 그런지 낌새만 보여도 지레짐작하고 큰소리로 엉엉 울어 교실을 울음바다로 만들곤 했다. 유치원 때 그런 일을 당했었다는 이야기를 나중에 들었다. 어린 나이에 아픈 경험을 했던 아진이에게 마음의 힘을 길러줘야 했다.

아진이 엄마는 혼자 아이를 키우기 위해 지역에서 제법 큰 핸드폰 회사에 다녔다. 그 회사는 돈은 많이 주지만 한 달에 이틀만 쉬는 악명 높은 곳이었다. 학부모 중 그 회사에 다니는 분들이 좀 있었는데, 아이들 처지에서 보면 굉장히 잔인한 곳이다. 아진이에게 부모라고는 엄마 한 분만 있는데 그 엄마가 한 달에 두 번 쉰다. 아진이는 아침에 학교 올 때 굶거나 편의점에서 먹을 것을 사와 교실에서 먹는다. 그리고 방과 후에는 지역아동센터에서 시간을 보내다가, 저녁에는 엄마 친구 이모네 집에 있다가 겨우 엄마를 만날 수 있었다. 휴일은 온종일 혼자 집에 있을 때도 있었다.

그래서 가끔 아진이가 혼자 보내야 할 때는 일요일 날 몇 번 내가 데려다가 봐주기도 했다. 내가 사는 동네가 학구에서 차로 5~10분 정도 거리이고 엄마 회사는 우리 집과 더 가까웠기 때문이다. 아진이만 집중하여 살피진 못했지만 안전한 곳에 함께 있는 방법으로 돌봤다. 아침에 교회에 다녀오고 오후에는 우리 집에서 아진이랑 막내딸 귀연이랑 강아지 메시, 고양이 녹차랑 같이 놀게 하고 저녁밥 먹여서 엄마 회사 끝나는 시간에 맞춰 버스정류장까지 데려다주기도 했다.

아진이는 한국과 필리핀 중에 어디가 더 좋은지 물어보자 한국이 더 좋다고 했다. 아진이 말고도 대부분의 다문화 친구들은 아버지의 나라 한국이 좋다고 한다. 아버지와 헤어지고 어머니와 살고 있지만, 한국이 어머니 나라보다 잘 살기 때문에 더 낫다고 생각하는 것 같다. 어떻게 보면 사실 어머니의 나라는 간 적이 거의 없고 한국에서 살았으니 한국이 좋을 수밖에….

　하지만 속으로
　'엄마와 널 홀대하고 아진이 널 홀로 있게 하는 이 나라가 뭐가
좋아?'라고 묻고 싶었지만 참았다.

　적어도
　'대한민국이 널 품고 외롭지 않게 키웠어.'라는 메시지를 주고 싶
었다.

비밀의 숲 테라비시아

　미세먼지 때문에 교실 문도 못 열다가 6월 어느 날 공기가 깨끗
해졌다. 우리 학교는 산 바로 앞이지만 건너편 산등성 뒤에 피어오
르는 화력발전소의 연기 덕분에 미세먼지가 더 심했다. 밖에 나가
서 놀기라도 하면 좀 덜할 텐데…. 교실에서만 늘 싸우고 어지르는,
말 안 통하는 1학년 아이들과 몇 달 동안 갇혀 지내다 보니 스트레
스로 머리가 터질 것 같았다. 모처럼 맞이한 쾌청한 날씨에는 나가
야만 했다. 아이들과 교실에 있는 소꿉놀이 장난감을 들고 여름 교
과서 핑계를 댔다. 행정실에 들러 학교 운동장 끝에 있는 학교 숲
에 들어가는 열쇠를 챙겼다.

　비밀의 숲 테라비시아가 떠올랐다. 굳게 잠긴 학교 숲 문 앞에서
자물쇠에 열쇠를 꽂고 찰카닥 돌렸다. 문을 열고 들어간 학교 숲의
모습은 잡초투성이였다. 그 전해까지는 6학년에서 농사도 짓느라
숲속 입구 쪽 밭을 가꿨지만, 관심을 두는 학년이 없어서 버려졌다.

놀기엔 좀 스산해 보였는데, 아이들은 잡초가 눈에 들어오지 않는지 환호성을 지르며 문 안쪽으로 쏟아져 들어갔다.

남자아이들은 숲에서 운동기구를 타거나 벤치를 건너 뛰어다니며 신나게 놀았다. 학교 숲은 학교 운동장보다 3미터 아래 있어서 운동장에서도 보이지 않는 아주 비밀스러운 장소다. 원래는 지역주민들을 위해 만들어졌지만, 위치 조건상 관리가 되지 않아 닫아 둔 우리들의 낙원이었다. 남자친구들에게

"우리 전쟁놀이하자!" 하고 외쳤더니 숲속에 버려진 나뭇가지들을 주워서 소리 지르며 이리저리 뛰어다녔다. 물론 이 틈에 우정 사진을 찍는 아이들도 있었다. 난 다치지만 않게 잘 놀도록 주의사항을 주었다.

"여기서 한 명만 다치면 다시 수업하러 갈 거야!"

학교 숲에서 우정 사진 찍는 위스덤과 친구들

물론 나도 다시 교실에 들어가는 건 원하지 않지만 이런 협박은 아주 잘 통했다.

여자 친구들에게는 소꿉 장난감을 주고 짝을 지어 학교 숲 꽃 밥상 차리기 대회를 열어주었다. 시끄러운 틈에서도 여자아이들은 개망초꽃, 붓꽃, 측백나무 열매, 돌멩이로 예쁜 밥상을 차렸다. 줄리는 역시 똑같은 열매와 꽃인데도 정말 예쁘게 차려냈다.

줄리가 차린 꽃 밥상

아이들이 마음껏 떠들어도 되고 막 뛰어다닐 수 있어서 좋았고, 나는 힘든 아이들 앉혀놓고 교과 내용을 꾸겨 넣지 않아도 돼서 좋았다. 그 틈에 인생 사진도 찍었다. 내 혈색이 초여름 햇살에 눈이 부셔 분홍빛이 된 것 같은 착각을 했다.

행복한 표정으로 사진을 찍었다. 살다 보면 행복했던 순간이 찰칵하고 찍힐 때가 있다. 마음속에만 찍힐 때도 있지만 그날은 사진으로도 찍혔다. 부드러운 바람을 쐬며 잠시 휴식을 취했다. 아이들도 신나고 나도 쉬어서 좋았다. 아이들이 학교 숲은 우리만의 천국이라며 좋아했다. 그런데 아쉽게도 그게 마지막이었다.

학교 숲에 두고 온 소꿉놀이 세트

다음날 또 들어가려고 소꿉놀이 세트를 그대로 펼쳐놓고 왔는데, 2월까지 한 번도 들어가지 못했다. 들어가는 입구 옆에 개구멍이 생겼는데 비밀스런 곳에서 안전사고라도 일어날까 하는 걱정 때문에 허락이 되지 않았다. 너무 들어가고 싶었는데 아쉬웠다.

그해 12월에 행정실에서 수다를 떠는데 갑자기 주무관님이 이런 이야기를 했다.

"거기 누가 그랬는지 학교 숲에 장난감을 잔뜩 어질러 놓고 왔어요! 좀 치우고 가지 거기다 왜 그런 짓을 했을까?" 하셨다. 잊어버리고 있었는데, 숲속에 아이들과 소꿉놀이 세트를 들고 가서 안 가져온 것이 6개월이 지나서야 생각났다!

"어머나! 그거 나다! 죄송해요! 아이들과 또 들어가려고 놓고 왔는데 다시 못 들어갔어요!" 주무관님은

"누군지 다 알고 있었어요! 어른이 되어서 그러면 쓰겠어요?" 하고 웃으면서 나를 놀렸다. 갑자기 얼굴이 후끈해지면서 부끄러움이 밀려왔다! 핑계를 대면서 어떻게 처리했냐고 물었는데, 다 버렸다고 하셨다.

'학교 숲 진짜 천국이었는데… 문을 다시 열면 얼마나 좋을까?'

우리만의 숲이 비밀의 숲 테라비시아처럼 닫혀버렸다.

네 다리는 초콜릿 다리야!

　난 입학식 날 위스덤에게 혼났다. 학부모님들과 첫 만남의 날인 입학식 날 교실에 들어와서 사물함과 책상을 보더니 큰소리로 "제 이름 위즈덤 아니고 위스덤이에요!"라고 항의했다.

　"외국어니까 위즈덤이나 위스덤이나 우리나라는 똑같아!"라고 방어했지만

　"위스덤으로 바꿔 주세요!"라고 당차게 요구했다.

　"위즈덤으로는 안 된다는 거지?" 하고 혹시나 넘어갈까 다시 한 번 불쌍하게 말했지만 위스덤은 가차 없었다.

　속으로 '입학식부터 이런 당당한 녀석이라니. 내가 보기엔 위즈덤이나 위스덤이나 똑같은데…' 생각했다. 투덜거리며 다시 이름을 입력, 출력, 코팅, 자르기, 붙이기를 해 위스덤으로 바꿨다.

　위스덤은 힘이 무척 세다. 그래서 남자친구들 사이에서 꼭 몸으로 놀다가 친구를 다치게 할 때가 많다. 어쩌다 친구들이 위스덤을

힘으로 이기지 못하면 욕하며 다투다 끝날 때가 종종 있었다. 운동장에서 같이 놀다가 들어 올 때는 한 녀석이 꼭 울거나 와서 이를 때가 많았다. 위스덤과 친한 친구가 위스덤을 가장 많이 일렀고, 위스덤도 그 녀석의 말로 인해 상처받은 일들이 있었다. 기억에 남는 사건이 몇 번 있다.

중국옷을 입고 멋지게 폼 잡은 위스덤

반에서 제일 작은 녀석이 위스덤에게

"너희 나라로 가버려!"라고 말해서 교사인 나도 놀란 적이 있다. 작심을 하고 비이성적으로 화를 냈다.

"우리 학교에 다문화 친구가 30%나 되는데, 우리 학교엔 이런 나쁜 말을 하는 사람이 없어. 형님들도 서로 잘 지내는데, 1학년 꼬맹이가 이렇게 나쁜 말을 한단 말이야?" 그러다가 말할수록 더 화가 나서 또 이야기했다.

"위스덤 가족은 얼마나 용기 있고 훌륭한 사람들인지 너 아니? 우리나라도 이민 가서 사는 사람들은 특별한 용기가 필요하잖아. 위스덤 아빠는 프랑스에서 공부하시고 나서 토고가 분쟁으로 위험해져서 가족을 살리기 위해 한국으로 들어오셨고, 위스덤은 한국에

서 태어났어! 한국이 집인데 토고에 어떻게 가란 말이야?" 씩씩거리
며 퍼부었다.

아이들은 눈이 휘둥그레져 입을 벌리고 나를 쳐다보았다. 위스덤
부모님도 아닌데 진짜 화가 나서 참지 못했다. 1학년 아이들에게
너무 많은 기대를 했을까?

다른 날은 거꾸로 위스덤이 화가 잔뜩 나서 울면서 들어왔다. 같
이 놀다 싸웠는데 친구가 위스덤을 이기고 싶어 몹시 나쁜 말을 한
것이다.

"위스덤 왜 울어?" 물었더니 울며 대답했다.
"선생님 정우가요. 내 다리가 초콜릿 다리래요!"

이럴 수가! 내가 가르치는 반에서 이런 말이 나오다니. 나는 적잖
게 당황했다. 뭔가 계기가 필요하다는 생각이 들었다. 하지만 수업
을 시작해야 해서 바로 상황을 정리하려고 그런 말 나쁘고 해서는
안 된다고만 이야기했다. 일단은 위스덤을 다독거리는 것으로 덮어
버렸다.

그러다가 어느 날 세이브더칠드런의 『다양한국』 수업을 진행하게
되었다. 다문화 교육 연수에 갔다가 내용이 너무 좋아 세이브더칠
드런 지원을 받아 수업을 진행하게 되었다. 수업 중 가장 인상 깊
었던 내용은 선물 고르기 활동이 있었다. 먼저 여러 가지 선물을
보여주고, 다양한 종이로 포장되어있는 선물 중 어떤 것을 선택할

지 물었다. 아이들은 대부분 화려하고 멋진 포장을 골랐다. 다 같이 선택한 선물 내용물을 보았는데, 겉이 화려한 선물은 내용물이 좋지 않았고, 겉이 변변찮은 선물이 오히려 더 좋은 것들이었다. 아이들은 선물이 공개될 때 실망과 함께 탄식 소리를 냈다.

심한 것은 예쁜 포장지 안에 음식물 쓰레기가 든 것도 있었다. 한두 명 눈치 채고 포장지와 상관없는 선택을 한 친구들은 핸드폰, 인형 등 고가의 선물을 보고 좋아했다.

작업을 시작했다. 우리가 얼마나 편견이 많은지 이야기를 나눴다. 겉모습만 보고 그 사람을 판단해서는 안 된다고 이야기했다. 겉모습과 상관없이 비싸고 멋진 속사람이 안에 들어있는 사람이 많다고 이야기했다.

그러다가 크레파스 색깔을 보게 되었다. 살색을 보여주며 아이들에게 질문을 했다.

"살색이 맞는 말일까? 우리 반 친구들은 살색이 다 조금씩 다르잖아. 대부분은 이 살색보다 누렇고, 여름에 수영을 많이 한 친구는 어둡기도 하고, 위스덤은 더 어두운데." 하고 문제를 제기했다. 아이들은

"그거 연살구색이에요!"라고 쉽게 대답했다. 유치원 때 잘 배웠나 보다. 그래서 질세라 다른 이야기를 꺼냈다.

"그럼 이 갈색은 어때?"

"이건 영어로 브라운! 선생님은 브라운이 정말 멋지다고 생각해! 우리 반에 이런 아름다운 피부를 가진 친구들이 있잖아!" 평소에 셀리나와 줄리를 보며 느꼈던 브라운4)색의 매력을 나눴다. 얼마나 화

려하고 피부가 매끄러운지, 그리고 더운 나라에서는 브라운색이 더위를 이겨내기에 더 적절하다고 알려줬다.

그리고 피부색에 대한 편견을 깨기 위해 위대한 일을 한 흑인을 소개했다. 하인즈 워드와 오바마 대통령 이야기를 했다. 세계에서 가장 부강한 국가의 대통령은 한국 사람이 아니라 브라운 피부를 가진 흑인이라고 말이다. 아이들도 다 오바마 대통령을 알고 큰 소리로 "오바마 대통령이요!" 하고 말했다. 위스덤은 이 부분에서 어깨가 으쓱해지며 표정이 바뀌었다. 미국의 대통령을 배출한 인종을 우리가 교실에서 초콜릿 다리라고 놀리면 되겠냐며 기회는 이때다 싶어 다시 한 번 힘주어 야단쳤다. 그리고 정말 위스덤 가정이 얼마나 대단한지 이야기했다. 물론 위대하지 않아도 소중히 여겨야 하지만 아이들이 알아듣게 설명하고 싶었다.

수업이 끝난 후, 누구나 잘하는 멋진 것이 하나씩 있는데 아무리 작은 사람에게서도 배울 점이 있으니 위스덤에게 한 가지 배우자고 했다. 위스덤은 무엇을 잘하는지 물어보자 자기는 춤을 잘 춘다고 했다. 다 같이 위스덤에게 춤을 배우는 시간을 가졌다. 놀이방에 가서 위스덤이 앞에 서서 가르쳐주고 아이들은 한 줄로 서서 위스덤의 춤을 배웠다. 물론 정우는 사과하고 위스덤은 한동안 잘 지냈다.

---

4) 브라운! 페버에게 배웠다. 내가 검은색이라고 말하자 화를 내며 브라운이에요! 이야기했다. 내 피부는 멋진 브라운이에요! 말하며 만족스런 표정을 짓는 아이를 보며 눈을 덮고 있던 비닐이 하나 벗겨지는 것 같았다. 그리고 보니 나이지리아 친구들 피부 색깔이 다 조금씩 달랐다. 그리고 얼굴 생김새도 다 달라 저만의 개성을 가지고 있었다. 멋진 매력을 가진 브라운! 왠지 영어로 골져스! 라고 말하는 것 같았다.

위스덤에게 춤을 배우는 반 친구들

저게 저절로 붉어질 리는 없다.
저 안에 태풍 몇 개
저 안에 천둥 몇 개
저 안에 벼락 몇 개
●
●
●
대추야
너는 세상과 통하였구나

장석주 「대추 한 알」中

Fall

가을

한국말은 돌고래 초음파

예준이는 필리핀 엄마와 한국 아빠 사이에 낳은 잘생긴 친구다. 잘생긴 데다 예의도 바르고 말을 잘해 여자 친구들 사이에 인기가 많았다. 그런데 오전 수업시간에는 집중을 잘하는데 오후만 되면 집중을 못 했다. 1학년이어서 그럴 수 있겠구나, 생각했지만 오후로 갈수록 너무 멍하게 있어서 "예준아!" 불러도 듣질 못했다. 앉아만 있을 뿐 선생님이 부르는 소리나 수업의 흐름을 따라가지 못하는 예준이가 이상했다.

예준이 엄마가 학부모 상담을 하러 학교에 오셨다. 화장을 예쁘게 하고 세련된 옷차림으로 오셨다. 한국에 오신지 10년이 넘으셨고, 그동안 주변에 있는 큰 학교에서 원어민 교사로 오래 일했다고 하셨다. 그래서인지 학교의 구조와 환경을 잘 알고 계셨다. 처음엔 어머님이 한국말을 잘하시니 한국말로 이야기했다. 그러다가 괜히 영어로 말하고 싶어 영어로 이야기를 이어 갔다. 이야기하다 보니 영어로 표현하기 어려운 부분이 생겨 한국말로 설명했다. 그러다가 어느 순간 어머님도 한국말과 영어를 섞어서 사용하게 되었다. 한국말과 영어 그리고 바디랭귀지를 사용해서 언어의 장벽을 느끼지 못할 정도로 진솔한 이야기를 나눌 수 있었다. 같은 여자이면서 엄마인 것이 무엇보다 서로에게 깊이 공감할 수 있게 해주었다. 예준이는 엄마에게 참 사랑스럽고 착한 아들이라고 하셨다. 잘 도와드리고 딸처럼 살살거리며 기쁨을 준다고 하셨다.

모둠 활동에 열심히 하는 예준이

그러다 자연스럽게 한국인 아버지 이야기가 나왔다. 예준이에게 한국말을 가르치시다가 잘 쓰지 못한다고 때리면서 가르쳤다고 하셨다. 아버지는 아마도 예준이가 학교에 가야만 하는데, 입학을 앞두고 필리핀 아내 밑에서 자란 아이라는 말을 듣고 싶지 않았던 것 같다. 그래서 더 아이의 한글 교육에 열을 올리셨던 것 같다. 연세가 좀 있으셔서 옛날 교육법으로 아이를 다그치셨던 것이었을 거라 짐작이 갔다. 엄마는 그런 아버지의 교육방법이 싫어서 때가 되면 알 거라 이야기했지만 소용이 없고 막무가내로 거칠게 다루셨다고 하셨다. 예준이가 좀 욱하는 게 있는데 그래서였을까?

학부모 상담을 하다 보면 학부모님들의 이야기를 들어야 할 때가 더 많다. 이분들의 살아오신 이야기를 들어드리기만 해도 울고 웃으며 이야기를 쏟아내고는 마음을 열고 돌아가신다. 나중에는 고마워하시고, 듣기만 했어도 나를 믿어주셨다. 예준이 어머님에게도 그렇게 해드리고 싶었다. 필리핀에서 고학력이셨던 분이 말도 안 통하는 한국에 들어와 결혼생활과 직장생활을 병행하며 얼마나 힘들었을까 생각하니 맘이 아프기도 하고, 그래도 학교까지 다니시면서 일하시는 걸 보니 대단해 보이기도 했다.

그래서 어머님께 이렇게 이야기했다.

"어머님 예준이 이야기는 들었으니 어머님 이야기를 듣고 싶어요. 그동안 어떻게 사셨어요?" 말이 떨어지기가 무섭게

"말도 마세요. 선생님 정말 힘들었어요." 하며 이야기보따리를 풀어놓으셨다.

한국에 오기 전 필리핀에서 교사셨는데, 한국에 와서 살면 더 좋을 것 같아 일하러 오셨다가 아버님을 만나셨다. 사랑해서 한 결혼이지만 의사소통의 어려움과 아버님의 폭력성으로 더 살 수가 없으셨다. 결국 어머님은 이혼하셨다. 하지만 이혼 후에도 아버님이 집에 마음대로 드나들며 아이들 교육에 간섭하셨다.

자식에 대한 집착이 이해가 되기도 했지만, 언어가 다른 필리핀 사람을 의사소통이 힘들다는 이유로 관계가 아닌 폭력으로 대하는 모습이 같은 한국 사람으로서 부끄러웠다. 어머님은 연신 눈물을 흘리시며 이 땅에서 얻은 쓴 것들을 쏟아내셨다. 그날 이후로 다문화 어머님들을 만나면 꼭 이렇게 질문했다.

"이제는 어머님 이야기를 좀 듣고 싶어요. 그동안 어떻게 사셨어요?" 내가 생각해도 참 좋은 질문이다.

그날 이후 예준이를 향한 생각이 달라졌다. 아이를 더 이해해보려고 노력했다. '가정에서 한국말을 들을 기회가 없는데 학교에서 우리말이 잘 이해될까?' 걱정도 되었다.

어느 날 새벽에 왜 아이들이 오후가 되면 수업에 집중하지 못할까 고민하며 오후에도 잘 가르칠 수 있도록 힘주시길 기도했다. 기도하는 도중에 갑자기 '쾅!'하며 한 단어가 떠올랐다

'돌고래 초음파'

예준이가 학교에서 공부할 때만 쓰는 한국말은 영어 악센트와 음역대가 달라서 오전에는 이 녀석이 모범생이라 집중하려 노력하지만, 오후가 되면 집중력이 떨어질 수밖에 없었던 것이다. 돌고래 초음파는 사람과 음역대가 달라 우리가 듣지 못하는 것인데, 예준이에게 한국말은 돌고래 초음파가 될 수 있겠다는 생각이 들었다. 안 듣는 게 아니고 못 듣는 거구나. 이 녀석이 오전에 듣고 이해하려고 노력한 것을 기특하게 여기고, 고맙게 여겨야겠구나.

"예준아 너 노력하고 있었구나! 진짜 고맙다!"

가을의 어등산 둘레길

　가을을 보러 학교 앞 어등산 둘레길을 다녀왔다. 가을을 생각하면 신규 때 학교 뒷마당에 쌓인 낙엽 더미 속에서 아이들과 뒹굴었던 생각이 난다. 그 추억을 재현하고 싶어 학교 앞 어등산으로 출발했다.

　가방 속에 가을 하늘을 담을 하늘 거울과 관찰용 루페, 물 한 병을 담아 아이들과 노래 부르며 올라갔다. 어등산 둘레길은 넓지 않고 오솔길 같아 아이들이 한 줄로 오를 수밖에 없다. 둘레길은 30분이 걸리지 않는 짧은 거리이지만 그래도 숲은 제법 울창해 초록빛이 깊었다. 아이들의 대장이 된 것처럼 신청곡을 받아 신나게 노래 부르며 앞장서 걸어갔다. 올라가는 길에 일부러 천천히 걸으며 도토리 모자와 벌거벗은 도토리를 주웠다. 다람쥐 먹을 것도 남겨 주면서 예쁜 색깔 낙엽과 이름 모를 열매들을 채집했다.

　어등산 둘레길을 가다 보면 작은 언덕배기가 두 개 나오는데 처음 언덕배기는 동그랗게 봉긋 올라있고 그 안은 또 살짝 들어가 있어 다 같이 둥글게 서서 신나게 춤을 추었다.

"즐겁게 춤을 추다가 그대로 멈춰라!" 1학년 아이들을 가르치면서 가장 행복한 순간이었다. 서로 눈치 보거나 부끄러워하지 않고 함께 춤을 추다가 멈췄다. 그리고 다시 "즐겁게 춤을 추다가 그대로 멈춰라!"를 반복하며 즐겁게 굴다리 윗길까지 걸어갔다.

굴다리 바로 위 오른쪽에는 어르신들의 운동기구가 있다. 운동기구 타기 전에 준비해 간 놀이를 했다.

먼저 짝과 함께 손잡고 하늘 거울 놀이를 했다. 파란 가을 하늘을 걷는 기분을 만끽하되 안전하기 위해 짝의 도움이 필요했다. 짝의 손을 잡고 한 손은 하늘 거울을 콧등에 끼

둘레길을 오르며 도토리를 줍는 아이들

운 채 굴다리 이쪽 끝에서 저쪽 끝까지 같이 걸었다.

저쪽 끝은 봄에 아카시아 꽃을 따 왔던 자리였다. 그래서 아카시아 언덕이라고 이름 붙였다. 이쪽 끝은 운동기구가 있으니 운동기

구 언덕이라고 이름 붙였다. 아카시아 언덕에서 운동기구 언덕까지 둘이서 짝을 지어 다녔다.

"선생님 하늘이 정말 예뻐요!"

"그렇지! 파란 하늘 위를 걷는 기분이 어때?"

"어지러워요!"

"음… 어지러워도 저 끝까지 가보세요!"

교사는 어쩔 수 없나 보다. 어지럽다고 하는데도 아이들이 이 굴 다리 위에서 질서를 얼마나 지키는지, 끝까지 하는지만 중요하게 생각했다.

"선생님 어지러워도 진짜 신기해요!" 하면서 아카시아 언덕에서 운동기구가 있는 언덕까지 한 번 더 왔다 갔다 하는 아이들도 있었다. 옆 반이 기다린다며 하늘 거울을 얼른 걷어서 2반 선생님에게 넘겼다.

루페로 개미를 관찰하는 아이

다음으로 루페로 가을의 자연을 관찰하는 시간을 가졌다. 아이에게 루페를 나눠준 뒤 잎사귀, 열매, 곤충, 땅, 모두 관찰해보라고 했다.

"선생님 이것 좀 보세요! 개미가 잘 보여요!"

루페로 우리가 보지 못하는 작은 세계가 얼마나 신기한지 느끼길 원하며 작은 잎들의 뒷모습, 땅의 흙, 아주 작은 들꽃, 열매들을 서로 돌려가며 봤다. 눈으로만 볼 때는 보이지 않았던 작은 벌레들까지 보여서 '눈이 좋은 게 다 좋은 건 아니구나!' 생각하며 마무리 지었다. 내려오는 길에는 준비해간 작은 비닐봉지에 가을 어등산 둘레길의 유물들을 주워 왔다.

교실에서 8절지에 그림을 그리고 목공풀로 채집한 빨강, 주황, 노랑 잎과 빨강 까만 열매들을 붙여 어등산의 가을을 표현해보았다. 줄리는 열매와 잎, 가지들을 많이 주워 와서 특유의 풍부하고 진한 색 자연 팔레트를 충분히 활용했다. 줄리의 그림을 보면 자신이 얼마나 건강하고 소중한 아이인지 잘 보여준다. 가을 산에 오른 줄리 자신의 밝은 모습을 그렸다. 그리고 제목을 이렇게 썼다.

줄리의 자연들

'줄리의 자연들'

대부분 한국에서 나고 자란 아이들이 많지만, 가을 산에 올라가 놀며 관찰할 기회는 거의 처음이 아니었을까?

'니들 한국의 가을 산이 이렇게 아름다운 걸 미처 몰랐지!'

안경과 치과 치료까지, 유스투게더

방학을 지내고 와서는 셀리나가

"선생님 안 보여요!"를 연발했다. 내가 쓴 돋보기를 빌려 가서 "와 잘 보인다!"라고 말하며 대형 TV를 봤다. 사실 셀리나 자리는 교사 컴퓨터 책상 바로 앞, 대형 모니터 코 밑이었는데. 이 녀석이 핸드폰을 너무 많이 봐서 눈이 급격히 나빠진 거였다. 저녁이면 셀리나가 보내는 카톡 이모티콘 광고가 3통 이상은 온다. 눈뿐만 아니라 치아도 여전히 많이 썩어 있었다.

더는 안 되겠다 싶어서 이전 학교부터 인연을 맺은 유스투게더 단체에 도움을 구했다. 사실 매월 5만원씩 지원을 받아 사랑이 필요한 아이들과 시간을 보낼 수 있었는데, 주말에 한 번씩 나가 시간을 보내느라 나 자신과 우리 집 아이들을 돌보지 못한 것이 미안해서 그 해는 하지 않고 있었다.

"안녕하세요! 저 지금 거의 9월인데 지금부터라도 아이들 지원받을 수 있을까요?" 그리고 용기를 냈다. 3개월의 망설임을 응축한 목소리로 호소했다.

"우리 반 아이가 다문화라 치과 치료와 안경이 필요한데 이것도 지원받을 수 있을까요?"하고 뻔뻔하게 물어봤다. 전화기 너머에서 오는 뜻밖의 응답은

"네!"였다. 일시적으로 아이들에게 병원비나 안경비를 지원하는 시스템이 있었다. '와! 이럴 수가! 역시 두드렸어야 해!' 너무 기뻤다.

"그럼 제가 무엇을 해야 할까요?" 물었다. 지원비를 바로 통장에 넣어 줄 수 있는지 물었으나 먼저 안경집과 치과에 가서 얼마 정도 될지 알아봐 달라고 했다. 그래서 셀리나 치료비와 안경으로 20만 원을 지원할 수 있다고 했다. 그나마 다행이었다. 혼자 다 계산해야 하나 걱정하다가 문의 한 것인데, 그래도 20만 원이나 지급한다니! 아는 치과와 안경집을 생각해 보고 최대한 내 돈은 적게 들게 해야 겠다 계산하고 근처 늘 다니던 마트 안에 있는 안경집으로 갔다. 사장님과 안면도 있고, 좋은 일 한다고 하면 도와주실 거라 기대했다. 또 동두천지역의 더불어 꿈 협동조합 회장님이 치과 원장님인 것이 떠올랐다.

치과 원장님과 연락하기 위해 친한 지인들에게 연락해 도움을 구했다. 더군다나 그 병원은 우리 학교 구강검진 기관이었다. 방과 후에 안경집과 치과에 들러 치료를 의뢰했더니 두 곳 다 흔쾌히 허락하셨다. 교감 선생님께 허락을 받고, 다음날 바로 셀리나와 안경을 맞추러 갔다. 안경집은 셀리나가 외국인 것과 상관없어서 안경을

바로 맞췄다. 셀리나가 좋아하는 분홍색 동그란 안경으로 골라 썼다. 교실에서는 다른 아이들보다 제법 큰아이지만 그날따라 분홍색 동그란 안경을 쓰니 너무 사랑스러웠다. 셀리나 너라는 아이는 정말…. 한번 안아주고 싶을 만큼 예쁘다! 칭찬해줬다. 그리고 쓸데없이 잔소리도 했다.

"셀리나! 이 안경 잃어버리면 안 된다. 늘 가지고 다니면서 수업시간에 쓰자! 그리고, 핸드폰은 너무 많이 하지 말고!"

셀리나 시력이 너무 안 좋아서 예상보다 돈이 많이 나왔다. 치과 치료는 어떻게 하지? 걱정하는 마음이 생겼지만, 이제 돈도 받으니 용기를 가지고 도전했다.

셀리나와 함께 치과에 갔다. 상담실장님도 원장님과 같이 더불어꿈 협동조합 회원이셔서 진료 예약과 치료를 친절하게 도와주셨다. 원장님이 자신은 난민 문제에 관심이 많으시다면서 치료를 무료로 해주시겠다고 하셨다. '어머나! 이럴 줄 알았으면 진즉 셀리나 아플때 데리고 올걸! 내가 용기가 없어서 아이를 이렇게 시간을 끌었구나!' 하는 생각이 들어 후회막심이었다. 물론 무료로 해주시는 것은 감사하지만, 받은 돈이 있으니 조금이라도 받아달라고 부탁드렸다.

외국인노동자 가정인 것 때문에 보험 혜택을 받지 못해 진료비가 너무 많이 나오면 어쩌나 하는 걱정을 했었다. 하지만 걱정한 것과 반대로 놀랍게도 치과는 돈이 안 들게 생겼다. 와! 놀라운 사실이었다. 이런 사실을 교장, 교감 선생님께 말씀드리고 3주 동안 셀리나와 방과 후에 치과 치료를 위해 네 번 치과에 다녔다.

셀리나는 치료에 들어갈 때마다 내 손을 꼭 잡고

"선생님 어디 가지 말고 여기 있어요! 무서워요!" 하면서 치료대에 누워서도 나를 찾았다. 원장님은 셀리나를 무척 예뻐해 주시면서 살살 아주 살살 치료해주셨다. 셀리나 이에 낀 검은 물질들을 다 제거하고 충전재로 채우고 그 위를 잘 덮어주셨다.

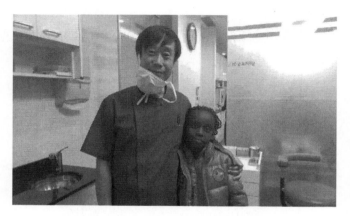

치과 치료를 도와주신 김대용 선생님과 셀리나

치과 4회 치료에 7만 원 정도 들것 같다고 하셔서 남은 돈으로 셀리나가 치과 치료가 끝날 때마다 근처 햄버거 가게에 가서 햄버거를 사줬다. 어떤 날은 남는 돈이 많아 셀리나 가족 걸 다 사주려고 물었다.

"셀리나 가족이 모두 몇 명이야? 가족들 저녁을 햄버거로 먹게 사주자!" 했더니 셀리나가 아빠, 엄마에 삼촌까지 다해서 8명을 불렀다. 깜짝 놀라 삼촌과 아빠는 일하시고 너무 늦게 들어오니 8시 이전에 들어오는 엄마, 셀리나, 오빠, 동생들 것만 사자고 설득해서 소심하게 6개 사서 보냈다.

셀리나는 치과 치료보다 햄버거가 더 좋았던 것 같다. 그리고 치과에서 내 핸드폰으로 게임 하는 걸 더 좋아했다. 그런 아이가 얄미워 핸드폰 안 주고 햄버거를 안 사주는 날도 있었다.

"셀리나 넌 지금 너를 위해 큰돈을 지원한 유스투게더 단체와 시간을 내준 선생님과 치과 치료를 싸게 해주신 원장님께 감사하는 마음을 잊지 말아야 해!" 1학년 아이에게 뭔 소리인가? 씨알도 안 먹히는 잔소리를 하면서 아이와 치과 치료를 끝냈다. 난 역시 돈에 민감하고 결과를 중요시하는 쪼잔한 교사다.

그들의 레이싱

가을이 되면 학교에 출근할 때 맡는 공기 냄새부터 다르다. 콧속으로 들어오는 공기는 시원하고 피부를 덮는 옷은 부드럽다. 공기가 시원하면 머리가 맑아진다. 그래서 가을이 좋다. 그리고 가을이 좋은 또 다른 이유는 체육대회다! 푸른 하늘을 덮은 만국기를 보면 그렇게 예쁠 수 없다. 물론 체육대회를 준비하는 과정은 녹록치 않지만….

"체육대회의 꽃이 뭔가요?"라고 묻는다면 누구든 "청백 계주요!!"라고 대답할 것이다. 청팀과 백팀이 엎치락뒤치락하며 뛰는 모습은 손에 땀을 쥐게 한다. 또 가장 큰 점수가 걸려 있어서 계주의 승패가 운동회 전반을 좌지우지한다고 해도 과언이 아니다.

계주를 응원하는 광경은 어느 경기보다 진풍경이다. 트랙 근처로 응원 피켓을 든 학생들이 모이고, 은색과 파란색 응원수술이 한데 섞여서 흔들린다. 결승지점에 그어진 하얀 리본 양쪽으로는 너나

할 것 없이 많은 관중이 몰린다. 운동장이 찰칵거리는 카메라 셔터 소리로 가득해진다. 이렇게 서로 응원하는 와중에 모든 학생은 하나 됨을 느낀다. 이긴 팀은 승리의 기쁨을 느끼고, 진 팀은 아쉽지만 축하하는 고운 마음씨를 배운다. 하지만…. 진다는 건 너무 속상한 일이다. 늘 그러지 말자는 다짐을 하면서도, 경쟁 사회를 쭉 살아와서 이기는 게 제일이라는 생각이 몸에 배서인지 운동회 때마다 계주를 목이 터져 라고 응원하게 된다. (사실, 이게 뭐라고)

계주 명단 제출 며칠 전, 우리 1학년 2반은 백팀의 명예건 비장한 마음으로 최고의 주자를 선발하기 위해 실전을 방불케 하는 선발전을 가졌다.

"선수들, 준비, 시 - 작!"

교사가 진지해서 그런지 아이들도 올림픽에 출전한 것처럼 진지하게 뛰었다. 우리 반 아이들이 뛰는 모습을 보면 실제로 여러 나라 아이들이 함께 섞여 있어서 올림픽 경기를 보는 듯하다. 선발된 선수는 여자 김○○, 박○○ 그리고 남자 나이지리아의 문화를 가진 빅토, 러시아와 나이지리아의 문화를 가진 리차드가 뽑혔다. 너무 열정적으로 계주 선수를 선발한 탓에 쉬는 시간이 넘어 버렸다. 그런데도 선발된 아이들은 달리기 연습을 해야 한다며 한참을 운동장에서 뛰었다.

한참 연습을 하고 있는데 청팀인 1학년 1반 적군들이 운동장으로 나왔다. 연습을 하고 있는 우리를 보고 "계주 선수 뽑는 거예요?"라고 물었다. 1반의 페버와 임마누엘이 우리 반 빅토와 리차드에게 도발하며 너희쯤은 이길 수 있다며 2대2로 다투었다. 상황이 재미있어서 한참을 지켜보고 있는데 1반 페버가

"선생님 얘네 빨라요? 아니 선생님, 선생님이 얘네 보다 빨라요?"라며 나에게까지 도발한 것이다. 아니 그 뜨거운 불똥이 왜 나에게 튀었을까? 갑자기 멍해졌다. 1학년의 맥락이라는 것이 항상 그렇긴 하지만, 이러한 도발에 가만히 있을 수 없었다.

'하, 참 웃기는 짜식들이네? 1학년이 어른한테 덤벼? 훗, 오늘 콧대를 제대로 눌러줘야겠어.'

1학년 대표 선수들과의 레이스는 주변에 있던 모든 학생들의 관심을 집중 시켰다. 그래서 무를 수도 없게 되었다. 출발선 앞에 서며 엄포를 놓았다.

"선생님은 스포츠에서 페어플레이를 정말 중요하게 생각해요. 너희가 1학년이라고 봐주지 않겠어요."

이로써 학생과 교사의 불꽃 튀는 레이스가 시작되었다.

〈 출전선수 소개 〉

- 1번 레인 [빅토] : 나이리지아 출신으로 드리블로 다져진 빠른 발재간이 주특기.
- 2번 레인 [리차드] : 2학기 들어 새로 전학 온 신흥 축구강

자로 누구도 아직 그의 능력을 가늠할 수 없음.

- 3번 레인 [페버] : 7살이지만 사정상 조기입학을 하게 되었으나 본인이 똑똑해서 일찍 입학한 것으로 알고 있음.

- 4번 레인 [임마누엘] : 한국어와 영어를 섞어 말하며 과장된 리액션이 귀여움.

- 5번 레인 [나] : 한국인 대표. 공으로 하는 운동을 잘하는 편임. 특이사항은 키가 170이 넘어 잘 뛰게 생김.

불꽃 튀는 레이스 현장

"준비, 시 - 작!"

목표는 저 앞에 있는 나무를 돌아오는 것이었다. 여유를 가지고 한발 두발 뛰던 나는 이상함을 느꼈다. '아니, 이 친구들 너무 빠르잖아!?' 슬금슬금 뛰려다가 이를 악물고 세상에 태어나서 달려 본 것 중 가장 빠른 속도로 달렸다. 머릿속으로 수많은 생각이 빠르게 스쳐 갔다.

'아, 내 자존심 어떡해. 내가 이걸 왜 하자고 했지? 맞아, 난 학창시절에 잘 못 달려서 별명이 소금쟁이였잖아? 에라 모르겠다. 그냥 막 달리자!!'

결과는 참혹했다.
  1등 :리차드
  2등 :빅토
  3등 :나
  4등 :페버
  5등 :임마누엘

5명 중에 3등이었다. 이럴 수가! 1학년한테 지다니. 8살한테 지다니. 잠시 머릿속이 멍해졌다. 숨이 가쁜 것쯤은 황당함에 가려져 신경 쓰이지도 않았다. 그해 말까지 아이들은 나를 3등 선생님으로 부르곤 했다.

두 해가 지나서 2018년 여름, 리차드가 3학년의 나이로 동두천 초등부 육상 은메달을 땄다는 소식을 들었다. 빅토는 청백 계주에 나와서 운동회를 뒤집어 놓았다. 이들의 활약상을 보면서 그날의 패배를 이해할 수 있게 되었다.

1등. 신흥 축구 강자 리차드

2등. 빠른 발재간을 자랑하는 빅토

분홍 공주, 다문화 페스티벌에 나타나다

2017년 9월 5일 어울렁더울렁 다문화 축제가 열렸다. 경기도 동
두천시와 다문화 가족지원센터에서 주관한 축제였다. 유스투게더에
서 승건이 이름으로 9월부터 매월 5만 원씩 지원받았다. 선생님이
한 아이만 예뻐한다는 느낌을 주지 않도록 항상 연막작전을 편다.
자연스럽게 승건이가 들어가도록 작전을 짜는 것이 중요했다. 승건
이도 친구들도 눈치 채지 못하게, 토요일에 갈 곳 없는 친구들을
모아 축제에 데려가기로 했다.

"이번 주 토요일 날 놀러 가는 사람!"

아이들이 손을 들었다.

"진짜 좋겠다! 어디 가는데?"

가족끼리 캠핑 가는 친구들과 놀러 가는 친구들이 자랑하듯 말했
다. 그러자 아이들은 쭈뼛쭈뼛

"나는 혼자 노는데…" 말하는 아이들이 나타났다.

"그럼 토요일에 부모님이랑 놀러 가는 친구들 말고, 집에 부모님 이 계신 친구들도 말고, 부모님 없이 혼자 노는 친구들은 손들어 봐."

작전대로 토요일 가족들과 놀러 가는 친구들은 제외했다. 그날 친 그물에 셀리나 줄리, 승건이, 아진이를 포함한 8명의 심심할 아 이들이 걸려들었다.

"내일은 다문화 페스티벌에 갈 거야! 교문 앞에서 10시에 보자. 돌아다닐 거니까 편한 옷 입고 와! 지각하지 않기!" 신신당부했다. 그리고 부모님께는 아침 10시에 만나 점심 먹고 오후 3시쯤 데려 다줄 테니 걱정하지 마시라고 문자를 보냈다.

어울렁더울렁 다문화 축제 부스체험 중

드디어 토요일 아침, 신랑이 몰고 다니던 8인승 밴을 몰고 교문 앞으로 달려갔다. '아이들은 좋은 차를 탈 기회가 적으니 이 밴을 타면 기분이 좋겠지!' 생각하니 신났다. 창문을 내리고 선글라스를 끼고 무게 잡으며 인사했다!

"얘들아 안녕! 다 왔구나! 차 타자."

앗 그런데 뭔가 어색한 옷차림이 눈에 띄었다. 아뿔싸! 다른 아이들은 편한 옷차림으로 왔는데, 셀리나는 분홍 공주 차림으로 나타났다. 분홍색 드레스에 분홍색 구두에 핸드백까지 들었다. 영락없이 파티에 가는 옷차림이었다. 황당해진 나는 당황해 하며 이야기했다.

"셀리나! 선생님이 편하게 입고 오라고 했잖아! 오늘 사람들도 많이 다닐 텐데…." 그러자 셀리나가 말했다.

"선생님이 페스티벌이라고 했잖아요! 우리 엄마가 페스티벌은 드레스 입고 가는 거래요!"

다문화 축제에 함께한 친구들-가운데가 분홍 공주

'아 페스티벌이 나이지리아 사람들에게는 드레스를 입는 날인 건가? 한국은 소소한 부스체험 행사도 웬만하면 페스티벌이라고 부르는데…. 이런 것에서 문화적 차이가 나는구나! 그래도 그렇지 어떤 행사인지 충분히 설명했는데, 셀리나가 일부러 공주 옷 입고 싶었던 건 아닐까?'

결국, 우리 셀리나는 축제 내내 분홍 공주가 되어 다니셨다.

다문화 축제 부스는 일본, 베트남, 중국 등 나라의 의상체험, 놀이 체험이 있었고, 여러 나라의 음식도 팔았다. 또 한국 전통 놀이와 도자기 빚기 등의 체험을 했는데, 셀리나 공주님은 우아하게 다니셨다. 그렇지만 우아한 공주님도 간이 트럭 바이킹 앞에서는 어쩔 수 없었다.

"선생님~~~ 나 저거 타고 싶어요~~!" 셀리나의 애교에 넘어가고 말았다. 한번 타고 또 타고 싶다고 해서 두 번 탔다.

'아! 셀리나~~ 받은 돈은 5만원인데 너 정말 선생님 주머니를 터는구나!' 씁쓸한 미소를 지어 보이며 태워 줬다. 아이들과 놀다 보면 꼭 액수가 넘어가서 입맛을 쩝 다실 때가 있다. 아직 1학년이라 부모님을 조르듯 할 때면, 우리 집 막내 아이 같이 너무 귀여워 넘어가고 말았다.

'뭐 조금이지만 아이들에게 사용된 돈은 하늘에 쌓일 거야! 저~천 원, 백 원까지 다 계산하는 밴댕이 소갈딱지인 것 아시죠!'

가을 여행의 선물

2학년 2반을 담임하면서 희선이를 처음 만났다. 하얀 얼굴에 별로 표정이 없는 희선이는 말수도 적었다. 멀리서 보면 우울해 보이기도 하고 불안해 보이기도 했다.

일주일쯤 지났을까? 아이들이 경계를 풀고 종알종알 떠드는 사이가 되었을 때, 그때 희선이도 슬그머니 다가왔다. '이때다!'라고 생각하며

"희선이는 머리를 양쪽으로 묶은 게 귀여워! 희선이는…" 하며 칭찬을 늘어놓았다. 희선이도 경계심을 스르륵 녹인 것 같았다. 그때부터인가 희선이는 나만 보면 어디서든 꼭! 껴안는다. 급식실, 화장실. 장소는 상관없다. 엄청 숨이 막힐 정도로 꼬~옥! 껴안았다가 내가 '켁켁!' 하면 놔주었다. 별로 표정이 없었던 얼굴은 온데간데없고 학교에 오면

"제가 왜 귀여워요? 어디가 이뻐요?"라고 물으며 많은 이야기를

해준다. 다행이다 다행! 희선이랑 못 친해지면 어쩌나 많이 생각했었는데 내가 준 조그만 칭찬을 사랑이라고 느껴줘서. 그때부터 나와 희선이는 만나면 서로 꼭! 껴안는다.

희선이는 수업 태도가 안 좋다. 삐뚤게 앉고 일부러 발을 내놓고 흔드는 통에 다른 친구들은 연신 불편하다고 난리다. 간혹 어려운 문제가 나오면 풀지 않거나 혼난 후면 연필로 책상을 두드리며 '딱! 딱! 딱! 딱!' 하는 성가신 소리를 냈다. 처음에는 화가 나서 뒤로 나가서 서 있게 하거나, 연필로 두드리지 못하게 하곤 했다. 하지만 희선이는 굴하지 않고 발을 굴러 소리를 냈다. 어제도, 오늘도 희선이는 그랬다. 쉬는 시간, 점심시간에는 나와 같이 놀기도 하고 이야기도 잘했지만, 수업시간에는 어김없었다. 희선이의 고집으로 지쳐가고 있었다.

그해, 경복궁으로 학부모 문화연수 인솔을 다녀왔다. 우리 반에서는 희선이와 별이가 신청하였다. 토요일 아침 희선이로부터 전화가 왔다. 우울한 목소리의 희선이는 엄마가 바빠서 못 가신다며 자기 혼자 가면 안 되냐고 했다. 부모님께 마침 제가 인솔자로 가니까 제가 데리고 다니겠다고 했다. 부모님은 걱정 반 고마움 반으로 허락해주셨다. 희선이는 졸린 눈을 반쯤 뜨고 어머님과 동생은 헐레벌떡 뛰어나왔는지 잠옷 차림으로 횡단보도를 건너 희선이를 바래다주셨다. 가는 길 내내 희선이는 신이 나는지 종알종알 이야기했다. 경복궁은 어떤지 오늘 무얼 하는지 물었다.

도착하자마자 우리는 한복 대여점에서 한복을 빌렸다. 빛깔이 고운 한복을 희선이에게 이리 대보고 저리 대보고 하며 공주 놀이도 해보았다. 얼굴이 새하얀 희선이는 푸른색의 한복이 잘 어울렸다. 공주마마처럼 머리도 해주니 정말 예뻤다. 한복을 갖춰 입은 나와 희선이는 경복궁으로 향했다. 이리저리 사진도 찍고 바람을 쐬며 뛰기도 했다.

한복을 예쁘게 차려입은 김여름 선생님과 희선이

한참을 돌아다니다가 지쳤는지 희선이는 목이 말라 했다. 잠시 기다리게 한 뒤 식혜를 두 잔 사서 들고 왔다. 돌아와서는 기겁하고 말았다. 오늘은 우리 둘 다 공주라고 이야기했는데, 희선이는 낙엽과 잔디가 좋았는지 낙엽 레드카펫 위에 한복을 입고 신나게 구르고 있었기 때문이다. 그러다가 윗몸일으키기를 하기도 하며 온몸으로 에너지를 내뿜었다. 그 광경이 너무 웃겨서 깔깔 웃으며 영상으로 찍어놓았다. 영상 제목은 '보디빌더 희선이'이다. 한참을 구르던 희선이에게 영상을 보여주니 재미있다는 듯 웃었다. 그리고 선생님이 영상을 보고 웃는 게 좋다고 했다.

희선아 뒹굴기 옷으론 공단 한복이 최고지!

그날 이후 희선이는 교실에서 부리는 고집은 여전하지만, 무엇때문에 자신이 짜증을 내는지는 말해주었다. 그래서 희선이가 조금은 덜 짜증나도록 상황을 설명하기 시작했다. 가을 여행이 아니었다면, 나를 지치게 했던 그 아이가 사실은 예쁜 구석이 너무나 많은 아이라는 걸 알게 되지 못했을 것이다. 그래서 내가 희선이를 기다리며 들어줄 힘이 생겼는지도 모른다. 나와 희선이는 1학기와 다를 바 없는 일상을 보냈지만 서로 믿으며 이야기를 꺼내고, 기다릴 수 있게 되었다. 이것은 우리 둘의 가을 여행이 가져다준 큰 축복이었다.

2학년 2학기가 되자 사진 찍을 때 자신감이 눈에 보인다.

추석특집 달그락 교실

달그락 교실은 보산초등학교에서 – 일반 혁신학교에서도 하는 –
책가방 없는 날 같은 계절 학교 수업을 말한다. 보산초에서는 여름
방학, 겨울방학 이렇게 두 번씩 실시하는데, 이번에는 1~2학년 군
에서 특별히 추석 전날 한 번 더 진행했다.

그 해는 가장 긴 추석 연휴인 데다 학교장 재량 휴업일까지 더해
서 거의 1주일을 쉬었다. 남들 즐겁게 놀 때 혼자 긴긴 시간을 보
내며, 더 외로움을 느낄 아진이가 눈앞에 아른거렸다. 게다가 그해
처음으로 시댁 식구들과 제주도 여행을 하기로 했는데, 미안한 마
음이 너무 커서 재미있게 놀 수 없을 것 같았다.

아진이에게 어쩌면 한국의 추석은 소외와 아픔의 시간으로 각인
되겠다는 생각에 어떻게 도울 수 있을까 고민했다. 아진이 외에도
어머니와만 살고 있어서 한국의 전통문화와 가족에 대해서는 잘 알
지 못하는 아이들이 많았다. 아이들에게 추석에 큰 집에 가서 세배

하고 송편을 먹어본 친구들이 얼마나 있는지 물어봤는데, 놀랍게도 얼마 되지 않았다. 한국인 친구들을 제외하고 다문화 친구들이 20명 중 7명이었는데 그 아이들 모두가 경험이 없었다. 그래서 고민하다가 1~2학년 선생님들에게 추석 전날 추석특집 달그락 교실을 제안을 했다. 전문적 학습공동체를 하며 마음을 나누던 선생님들은 귀찮아하지 않으시고 너무 좋은 계획이라고 하시며 흔쾌히 동의해 주셨다. 그뿐만 아니라 준비하는 과정에서 함께 풍성한 아이디어를 나누며 실행 전부터 교사들끼리 하나가 되어 열심히 준비했다.

먼저 한복을 입고 등교하기로 했다. 한복에 대한 좋은 추억을 주고 싶었다. 아직 1학년이라 그런지 한복을 대부분 가지고 있었고, 아진이도 엄마가 분홍 한복을 사주셨다. 없는 친구들은 주변 아이들에게 빌려서 나눠주고 또 한복 대신 각 민족의 전통의상도 괜찮다고 허락했다. 그랬더니 2학년이 된 페버는 나이지리아 민속 의상, 아딜도 파키스탄 민속 의상을 입고 와서 달그락 교실이 축제의 날 같았다.

여름 선생님 교실에서는 큰 윷을 던져 단체 윷놀이를 했다. 2학년 1반 연구부장님 반에서도 신나는 민속놀이를 했다. 1학년 2반 양누리 선생님 반에서는 예절 교실을 운영했는데, 한복 입고절하는 방법을 가르쳤다. 아이들이 얼마나 진지하게 하는지 사진을 보며 깜짝 놀랐다. 줄리는 저고리 고름을 풀어헤치고 다니면서도 환한 웃음을 웃어서

"이 녀석 줄리! 한복은 다소곳하게 입어야지!" 하고 고름을 매만

져 줬는데, 금방 풀렸다. 그래도 옷매무새는 전혀 신경 쓰지 않고 즐거워만 하는 줄리를 보며 기분이 좋았다.

추석은 뭐니 뭐니 해도 송편이다. 큰 시장 떡집에 쌀가루와 속을 며칠 전에 주문하고 재래시장 상품권으로 큰 찜솥을 사 미리 준비했다. 그날은 아이들이 송편을 빚어 속에 동부와 깨 설탕을 넣고 쪘다. 김이 모락모락 올라오는 찜기에 삼베 천을 올리고 조몰락거리며 만든 송편을 올려 한소끔 푹 쪄서 먹었다. 송편을 먹고 전통놀이를 했다. 4시간 동안 4개 반이 와서 찌고 먹어야 해 정신이 없었지만, 그 시간 안에 바빠서 먹지 못하면 옆 반에서 놀다 와서 자기 송편 찾아가는 즐거움도 있었다.

한복을 입은 줄리, 아진이

아진이는 엄마가 사준 한복을 예쁘게 차려입고 나타나 그날 온종일 웃었다.

시댁 식구들과 너무 행복한 제주도 여행을 다녀왔다.

연휴가 끝나고 아진이에게 어떻게 지냈냐고 물어봤더니 특별한 걸 하진 않았지만, 행복했다고 했다. 이모네 집에서 언니랑 있었지만, 추석특집 달그락 교실에서 했던 것을 생각하며 잘 쉬었다고 했다. 추석 연휴 기간 동안 텔레비전을 보며 사람들이 입고 다니는 한복과 송편 만들기, 민속놀이가 그림의 떡이 아니라 '저거 나도 해봤어. 나도 한국 사람이야.'라고 만족해하며 보낼 수 있기를….

'아진아! 우리가 함께한 시간이 외로움과 서러움을 이겨낼 힘을 준다면 그걸로 충분하다.'

12살이 꿈인 줄리

줄리는 완전 대단하다. 예쁘고 똑똑하고 그림도 잘 그리고, 한국
말도 잘한다. 아빠는 나이지리아에서 목회를 하기 위해 한국에서
신학교를 다니셨다. 임마누엘 아빠처럼 학위 비자로 들어오셨다.

엄마는 완전 미인이셨다. 나중에 알고 보니 가스펠 가수셨다. 12
월에 직접 부른 노래로 CD도 내시는 멋진 삶을 사셨다. 줄리는 그
런 엄마를 똑 닮았다. 그리고 그런 엄마 아빠의 세 딸 중 첫째였다.

줄리는 그림을 특히 잘 그렸는데, 색감이 풍성했다. 3월에 학급
에서 '존중의 약속'을 정하고 손을 그렸다. 자신의 손을 대고 그려
예쁜 무늬와 색으로 채우는 활동이었다. 아이들은 손에 예쁜 지그
재그 무늬와 땡땡이 무늬, 다양한 무늬를 채우고 화려한 색으로 칠
했다. 그런데 줄리는 자신의 피부색인 브라운으로 그리면서 예쁜
반지와 무늬들을 그려 넣었다. 줄리는 피부색을 있는 그대로 예쁘

게 색칠했다. '존중의 약속' 코너가 줄리와 셀리나 덕분에 화려하고 다양해졌다. 줄리의 손은 특별했다. 존중의 약속 코너뿐만 아니라 협동 학습에서 사용하는 모둠 구호에도 〈손 그림 넣기〉 줄리의 손 덕분에 특별한 사진이 탄생했다. 아이들은 다르지만 다양함 속에 공존하고, 서로 협력한다. 사진 한 장이 주는 의미가 특별했다.

다양한 손의 색이 아름답게 어울린 존중의 약속 나무

하지만 나이지리아 친구들의 특성상 줄리는 바쁜 엄마 대신 동생들을 돌봐야 했다. 학교 수업이 끝나기가 무섭게 집에 돌아가야 했다. 한국 생활에서 수입이 충분하지 않아 엄마가 베이비시터를 했기 때문에 동생들을 돌볼 수밖에 없었다. 주말에도 집 밖으로 나와서 여기저기 다니며 나와 놀았던 셀리나와 달리, 줄리는 나올 수가 없었다.

진로 수업시간이었다. 아이들에게 꿈을 이야기해 보라고 했다. 아이들은 저마다 꿈을 이야기했다. 귀여운 꼬마들은 축구선수, 운전기사, 미용사, 가수, 교사 등 주로 주변에서 볼 수 있는 어른들의 모습을 꿈꾸었다. 1학년 아이들의 꿈은 자신들의 재능과 덜 관련이 있고 그냥 귀엽고 기특했다. 그중에서 기억에 남는 친구가 2명 있다.

건우와 줄리다.

건우는 꿈이 음식점 사장님이었다. 엄마가 반찬가게 오픈하는 것을 도왔다. 엄마와 함께 메뉴도 고르고 학교가 끝나기 무섭게 전단지도 돌리며 가게에 매일 앉아있었다. 새로운 메뉴가 만들어지는 과정도 다 지켜봤다. 멀리 시내에서까지 찾는 맛있고 깨끗한 반찬가게였다. 이런 엄마의 모습을 가까이에서 지켜봐서인지 아주 현실적인 꿈을 이야기했다.

"선생님 저는요 지행역 다리 밑에 음식점을 낼 거예요! 메뉴도 정했어요! 볶음밥이요!" 건우가 워낙 수업 태도도 진지하고 매사에 성실한 녀석이라, 이 아이라면 자기 엄마처럼 진짜 맛있고 몸에 좋은 볶음밥을 만들 수 있을 것 같아 미래의 일이 아니라 현실처럼 보였다.

"건우야! 그럼 선생님 거기 가서 맨날 저녁밥 먹을 거다! 아 기대된다."라고 말해주었다. 지인들에게도 '우리 반 똑똑이였던 녀석이 운영하는 가게야! 진짜 맛있어! 가자!' 이렇게 말할 생각을 하니 벌써 기분이 좋아졌다.

줄리는 꿈이 12살이다.

"응 뭐라고?"

처음엔 잘 못 알아들은 것 같아 다시 물었다.

"저는요! 꿈이 12살이에요!" 줄리는 한국말을 유창하게 하는데 나이지리아 특유의 억양이 살아있다. 어금니를 앙 다물고 줄리에게 왜냐고 물었다.

공갈 안경을 쓰고 책을 드니
영락없이 교수님 같은 줄리

"왜냐하면요, 12살에 부자가 된 키라라는 책에서 봤는데요. 12살이 되면 할 수 있는 게 많대요. 그리고 12살까지 사니까 좋아요. 그리고 부자가 되고 싶어요!"

'줄리는 언제 그 책을 읽은 거야?' 그러고 보니 줄리는 수업시간에 교과서 지문을 혼자서 읽는 아이였다. 책이 너무 좋아 아침 독서시간에 책상 위에 책을 쌓아놓고 그걸 다 읽겠다고 했다. 하고 싶은 게 너무 많아서 수업에 잘 집중하지 못했다. 책을 읽기도 하고 미리 수학 익힘책을 혼자 풀기도 했다. 처음엔 줄리가 미리 풀어버리는 것에 대해서 주의 주었지만, 이 녀석에게 수업이 재미없을 수도 있겠다는 생각이 들어, 말리지 않기로 했다. 물론 수업 태도를 바르게 지도해서 한국의 학교에 맞는 태도를 갖추는 것이 필요하겠다는 생각도 있었지만, 아이에게 주어진 창의력과 독서력 등 재능을 키워주는 것이 더 중요하다고 생각했다. 더 정확히 말하면 그냥 허락해 주고 싶었다. 내 딸 같았다. 능력과 재능은 뛰어나지만, 아이를 둘러싸고 있는 물리적인 환경 때문에 꿈을 접어야만 하는 그런 어려운 상황에 놓인 딸 말이다.

교무부장님의 아이디어로 교문 앞에 전교생 꿈 목록 대형 플래카드가 걸렸다. 당연히 거기 줄리의 꿈도 걸렸다.

건우 - 요리사
줄리 - 12살

금강산도 식후경

수업시간에 먹는 것을 참 좋아한다. 공부도 먹는 것처럼 맛있으면 좋겠다. 그래서 한 해 동안 재량시간을 활용해 많이 먹었다. 진짜 맛있게 공부했다.

아진이는 아침에 일찍 공장에 출근하는 엄마 때문에 편의점에서 빵을 사 와서 먹을 때가 많았다. 아진이뿐만 아니라 아침을 먹지 못하는 아이들이 몇 명 더 있었다. 가끔 집에서 고구마나 빵, 볶음밥을 가져와 먹일 때도 있었지만 아침을 거르고 오는 아이들을 볼 때마다 마음이 아팠다. 가장 마음이 아프고 속상한 건 배가 고파서 문구점에서 파는 불량식품을 사서 먹는 것이었다. 성장하는 아이들에게 먹거리가 얼마나 중요한데….

아이들에게 좋은 먹거리를 소개해 주고 함께 먹는 즐거움을 알려 주고 싶었다. 사람은 먹을 때 가장 행복한 것 같다. 그래서 아이들을 위한 사랑의 표현으로 손쉬운 먹거리를 함께 만들어 보았다. 아파서 쉴 때 간단한 베이킹을 배웠는데, 마침 학교에 오븐이 3대나 있어서 실력 발휘를 할 수 있게 되었다. 오븐을 이용하면 쉽게 할 수 있는 요리가 많다.

3월부터 카나페, 야채 피자, 수박화채, 송편, 컵라면, 약 단밤, 비빔밥, 쿠키, 떡국, 고구마 순으로 거의 한 달에 한 번씩 만들어 먹었다. 그중에서 아이들에게 반응이 좋았던 몇 가지를 소개하고 싶다.

먼저 약 단밤이다. 10월 중순이 되면 밤이 많이 나온다. 특히 밤은 아이들에게 약이 될 만큼 좋은 먹거리다. 아주 작지만 싸고 양이 많아 이만 육천 원에 한 자루를 사서 반 아이들과 두 번 정도 먹을 수 있었다.

칼집이 잘 내서 오븐에 넣고 30분 정도 돌리면 "땡" 소리와 함께 꺼내서 쉽게 까먹을 수 있었다. 주로 수학 시간에 오븐에 먹거리를 넣어둔다. 공부하면서 오븐에서 풍기는 단내를 맡는 시간은 참 행복하다. 수학 문제를 풀게 하고 밤이 익는 동안 포트에 찻물을 끓여 조심스럽게 작두 콩 차를 한 잔씩 나눠주고 약 단밤을 한주먹씩 나눠줬다. 오븐에 구우면 꼬득꼬득하고 달콤한 밤이 탄생한다. 우리 아이들처럼 작지만, 밤알을 잡고 툭 까면 바로 껍질이 벗겨진다. 속껍질도 같이 먹으면 속은 부드럽지만 겉은 톡 부러지는 바삭함이 함께 씹혀서 아주 별미다. 아이들은 밤을 처음 먹어본 것처럼 과자 먹듯이 밤을 마구 먹어치웠다. 다 먹고 나면

"또 주세요!"를 연발했다.

배불리는 아니어도 따뜻하고 달콤한 약 단밤 몇 알과 차가 꼬마

친구들의 마음속 사랑의 탱크를 조금 채웠으리라….

고구마도 오븐에 40분 정도만 구우면 아주 맛있다.

다음은 쿠키다. 인터넷에 찾아보면 쿠키 반죽을 따로 판다. 유기농 밀가루에 천연 색소를 넣은 반죽 - 생지를 구매해 반 주먹 정도 나눠주고 적당한 두께로 예쁘게 꾸미게 한다. 그다음 오븐에 잠시만 구우면 노릇노릇하고 다양한 모양의 쿠키가 완성된다. 줄리는 다양한 색을 넣어 화려하게 만들었다. 완성된 쿠키를 차 한 잔과 같이 먹었다. 모둠 친구들과 두런두런 이야기를 나누며 먹었던 쿠키와 차 한 잔을 아이들이 기억하겠지!

예쁜 쿠키와 작두콩 차

먹거리 중 최고는 비빔밥이다. 1학년 2학기 통합교과서에 우리나라의 음식 중 비빔밥이 나온다. 어떤 먹거리가 가장 한국적일까 고민하다가 여름 선생님과 함께 비빔밥을 만들어 주기로 했다. 품의

서를 작성한 후 둘이 같이 장을 봤다. 고사리, 시금치, 도라지, 당근, 콩나물을 사서 반씩 나누어 삶아 오기로 했다. 여름 선생님은 전철로 출퇴근하는데도 가방에 시금치, 당근, 고사리를 잔뜩 넣어갔다. 예쁜 처녀 선생님 가방에 시금치와 당근 고사리가 있다는 상상만으로도 웃음이 나는데 선생님은 다음날 신이 나서 반찬통에 담아 왔다. 이런 모습이 바로 선생님의 매력이다. 난 도라지와 콩나물, 당근을 삶아 오고 달걀을 부치고 밥을 해왔다. 아이들에게는 숟가락만 가져오라고 했다. 두 반 모두 큰 볼에 재료를 나눠 갖고 아이들과 함께 섞었다. 이 활동을 두 해 동안 했었는데, 페버의 반응이 가장 재미있었다.

큰 볼에 밥을 넣고 그 위에 시금치, 고사리, 당근, 도라지, 콩나물을 얹고 달걀을 올렸다. 그리고 고추장과 참기름을 넣었다. 이제부터는 질서가 중요하다.

"자 지금부터는 한사람이 5번씩만 가져온 숟가락으로 비빕니다."

"절대 비비다가 숟가락 빨면 안 돼요! 먹을 때만 빨아 먹어야 합니다!" 하고 규칙을 정해줬다.

페버는

"저는 안 먹어요!"

하고 처음부터 비주얼이 좋지 않은 비빔밥에 팔짱을 끼고 눈길 한 번 주지 않았다.

"정말 안 먹을까? 이 비빔밥은 먹지 않고는 못 배기는 마법이 있는데!" 하고 호언장담을 했다.

아이들은 줄을 서서 5번씩만 비볐다. 주변 친구들이

"하나, 둘, 셋, 넷, 다섯! 그만!" 큰소리로 다섯까지 세서 더 비비면 난리가 났다. 그런데도 한두 명씩 규칙을 어기기 시작했다. 5번 비비는 것은 잘 지켰지만, 비비고 남은 숟가락을 빨아 먹어버리는 것이었다. 빨아 먹는 순간 고소한 비빔밥 맛에 눈을 뜨게 되는 것이다. 20명이 다 비비고 나서도 더 비벼야 해서 이번에는 3번씩 더 비비기로 했다. 그런데 이번에는 한두 명이 아니라 대 놓고 한 번 비비고 빨고 두 번 비비고 빨았다.

'나는 절대 안 먹을 것이다.' 속으로 결의하고

"자 지금부터 3숟갈씩 먹자!"

했더니 정말 침착하게 3숟가락씩 퍼먹었다. 양 볼 가득 비빔밥을 씹으면서 얼굴에 미소가 가득했다.

비빔밥을 바라보는 아이들 표정이 살아있다.

"정말 맛있어!" 침을 삼키면서 먹었다. 너도나도 맛있다고 말했는

데도 페버는 잘 참고 있었다. 모든 아이가 2번 정도 돌려먹고 나서 마지막 3숟갈 정도가 남자

"이제 마지막인데 페버 그래도 안 먹을 거야?" 유혹했다. 유혹이 통했는지 아이들이 맛있게 먹는 모습을 보고 마음이 바뀌었는지 페버가 갑자기

"아뇨, 저 먹어볼래요!" 하고 앞으로 나왔다. 그러면 그렇지 비빔밥은 마법의 음식인데! 한 숟가락 입에 넣더니 페버는

"음~~"을 연발하고는 큰 눈을 더 동그랗게 뜨고

"음~~ 맛있네! 맛있네! 맛있네!"를 외쳤다. 이제 두 숟가락 남았는데 다 끝나니 맛을 알아버렸구나.

"진작 좀 먹었으면 더 많이 먹을 수 있었는데 세 숟가락 밖에 못 먹잖아!"하고 잔소리를 했다. 마지막 두 숟가락까지 페버가 다 먹고 박박 긁어 밥 한 톨 남기지 않고 다 먹고 심지어 핥아먹으려 했다.

와! 비빔밥이 이렇게 맛있는 음식이라니, 교사인 나도 처음 체험했다. 늘 주변에 먹거리가 풍부하지만, 도시에서 배가 고팠다는 리틀 포레스트 주인공의 대사가 떠오른다. 사 먹지만 배고픈 편의점 음식이 아닌 제대로 된 한국 음식을 함께 먹는 기회를 주어 보람 있었다. 아이들이 먹은 비빔밥이 한국인의 피가 되었으면 좋겠다.

그리고 무한도전에서 만들어 뉴욕 타임스퀘어에 올렸던 비빔밥 광고를 같이 봤다. 마지막으로 유치하게 한 번 더 물어봤다.

"얘들아! 한국을 대표하는 제일 맛있는 음식이 뭐야?" 아이들이 이구동성으로 대답했다.

"비빔밥이요 !"

동두천 복지 어벤져스팀의 2차 통합회의

　드디어 의사 선생님의 진단을 근거로 9월 29일 2차 통합사례회
의가 열렸다.

2차 통합사례회의에 전문가분들과 함께 협의하며 뿌듯했다.

　2차 통합사례회의는 다문화 가정지원센터에서 열렸다. 드림스타

트와 다문화 지원센터의 회계담당자가 와서 구체적인 지원까지 결정했다.

그동안 재성이를 관찰한 내용과 가정의 사정, 진단결과를 공유하며 아이를 어떻게 지원할지 이야기 나누었다. 재성이는 포천교육청에 연락해 특수학교로 가게 되었다. 지금은 양주에 크고 예쁜 특수학교가 생겼지만, 그때는 동두천·양주 지역에 특수학교가 없었다.

파주 ○○학교가 재성이 다니기에 적합하다는 결론을 내렸다. 다문화 가정지원센터에서는 아이가 집에서 버스 타는 곳까지 드는 차비를 지원해주겠다고 하셨다.

통합사례회의를 마치고 돌아오면서 이분들에 대한 존경하는 마음이 생겼다. '행정은 이런 것이어야지!' 감사하고 만족스러웠다.

이분들이 재성이 일을 다 해결해주셨지만, 나도 재성이를 위해 뭔가 필요한 것을 해주고 싶었다. 새 학교에 재성이를 데리고 가서 상담을 받아야 한다고 해서 같이 갔다. 교장·교감 선생님께 허락을 받아 재성이와 할머니를 모시고 차로 파주 ○○학교에 갔다. 학교는 자연 속에 감추어진 아름다운 궁전 같았다. 아늑한 골짜기에 터를 잡은 학교는 늦가을 은행과 단풍잎의 화려함이 더해져 포근한 인상을 주었다. 학교 시설과 건물도 좋았고, 다니는 교사들과 학생들도 웃음이 가득해 재성이 할머니와 나는 안심이 되었다. 재성이도 가자마자 여기저기 다니며 좋아했다.

새 담임선생님과 부장 선생님과 함께 재성이에 대해 상담하면서 그 학교에서 재성이를 정확히 알고 있다는 사실에 놀랐다. 재성이 같은 경우는 학습의 기회가 없어서 그랬지만, 그 학교에서 교육받으며 한국말과 학습 훈련을 해서 좋아지면 언제든지 보산초등학교로 보내겠다고 이야기하셨다. 할머니도 내게 학교가 좋다며 연신 고맙다고 하셨다. 사실 할머니는 재성이가 학교에 다니게 된 사실 자체가 좋으셨다. 아이를 받아주고 안심하고 보낼 수 있는 학교가 있다는 자체만으로도 감사해 하셨다.

더 놀라운 사실은 학교 버스가 재성이네 집 앞 10분 거리까지 다니고 있었다. 좀 이른 시간이긴 하지만 할머니 손잡고 버스 타러 갈 수 있는 것이었다. 와! 우린 깜짝 놀라 서로 바라보며 감동하고 감사했다. 세상에나 재성이를 위해 이렇게 준비된 학교가 있다니! 돌아오는 길에 너무 뿌듯하고 행복했다. 할머니도 드디어 재성이에게서 해방되시니 이제 남은 시간에는 한국말도 배우고 일도 하고 싶다고 하셨다.

그해 나는 나름 해결할 수 있을 거라고 자신했지만 이 아이의 상태가 내 능력 밖이라는 것을 인정하는데 꽤 시간이 걸렸다. 처음엔 나의 무능력을 탓하다가 다음엔 아무도 도와주지 않는 것을 원망했다. 그 아무도에 나도 포함되는 것을 알고 양심이 아팠다. 우리 사회에 정말 사각지대가 여기 있구나! 느끼면서 한 번 더 절망했다.

하지만 사례관리 이민정 선생님의 헌신을 통해 다문화이며 특수아인 재성이의 문제를 해결하게 되었다. 선생님 말씀에 의하면 재성이 같은 사례는 처음이라고 하셨다. 아이의 사례를 파악하고 의지를 갖고 해결하는 과정을 통해 이분들이 재성이의 가정을 지원하고자 하는 진심을 보았다. 이분들에 대해 한편으로 부끄럽고 한편으론 존경스러웠다.

제도권 안에서 한없이 무능력한 교사였지만 할 수 있는 분들에게 아이를 맡기려고 결정하고 도움을 구한 것 그리고 무례하게 '의지'를 요구한 것이 참 잘한 일이구나 싶었다. 이민정 선생님도 다음에 또 이런 사례가 있으면 연결해달라고 하셨다. 하마터면 내 버려질 뻔했던 소중한 재성이가 거의 불가능해 보이는 기관들의 연합과 의지로 학교에서 교육을 받게 되었다. 재성이에게 묶여 늘 전전긍긍했던 엄마, 할머니도 드디어 건강하게 경제활동을 할 수 있게 되었고 말이다. 깨닫고 갈등하고 해결하는 데만 8개월이 걸렸다. 재성이에게 시간이 더 필요하겠지만 말이다. 그래도 대한민국 참 좋아졌다.

　이렇게 멋진 복지 어벤져스 팀이 있다니….

"따뜻한 밥 한 그릇은 아이에게 생명을 나누는 것이다."

박선아

Winter

겨울

위스덤, 꽃향기를 맡자

아이들은 싸우다 놀기를 반복한다. 위스덤은 교사인 내가 보기에는 잘 지냈지만, 남자친구들 사이에서 가끔은 외로워 보이기도 했다. 그러다 정말 큰 싸움이 초겨울에 있었다.

우리 교실 입구에는 미닫이 유리창 문이 복도 쪽으로 크게 4짝이 있었다. 양쪽 두 짝은 고정되어 있고 가운데 두 짝만 양쪽으로 여닫을 수 있었다. 가운데 문에서 아이들이 문을 잡고 못 들어오게 하는 장난을 많이 친다. 그날은 위스덤이 걸렸다. 위스덤을 교실에 못 들어오게 하려고 두세 녀석이 미닫이문 양쪽에서 잡고 있었는데, 그동안 얼마나 약을 올리고 따돌렸는지 화를 못 이긴 위스덤이 유리문을 발로 빵 차버려 유리가 깨져 버렸다. 친구들도 깜짝 놀랐고 나도 정말 놀랐다.

애써 화를 누르며 침착한 척 유리를 치우고 사건 경위를 조사했다. 사실 놀린 아이들이 정말 잘못했지만 위스덤의 반응이 당황스

러웠다. 위스덤은

"화가 나는데 어떻게 해요?"라며 당연한 일로 여겼다. 내가 알기로도 이 일은 위스덤을 꾸준히 못살게 군 세친구들에 대한 분노가 터진 거였다. 그래도 화나면 유리창을 깨도 된다는 아이의 의식은 잘못되었다는 것을 알려줘야 했고, 분노를 조절하는 방법을 교실에서 가르치지 않으면 더 한 일도 벌어지겠다는 위기의식을 느꼈다.

급한 불을 꺼야 해서 위스덤에게 화가 나도 유리창을 깨면 위험하니 안 된다고 말했다. 그리고 뭐가 그렇게 화가 나는지 물었다. 뜻밖에도 위스덤은 누나 이야기를 했다. 집에 가면 중학생 누나와 같이 있는데, 누나가 엄마처럼 잘 해주지만 공부를 시키다가 모르면 막 머리를 쥐어박고 때리기도 한다고 했다. 아빠와 누나에게 혼을 나다 보니 화가 났었다고 고백했다.

친구들 때문에 그렇다고 말하기가 어려워서 가족 핑계를 댄 거 같았지만, 어린 위스덤이 분노를 표출하지 못한 채 쌓아 두기만 했던 것은 확실한 것 같았다. 학교에서도 친구들에게 받은 상처를 해소하지 못한 측면도 있었다.

상담하면 아이들 말만 듣고 가정폭력을 걱정할 때가 많은데 막상 부모님 이야기를 들으면 아이가 한 번의 야단을 크게 여기는 경우가 대부분이었다. 물론 진짜 가정폭력의 사안일 땐 분별해서 민감하게 아이를 관찰한다. 위스덤도 굉장히 사랑받는 아이였지만 아직 어리다 보니 가정이나 학교에서 의사 표현을 충분히 하지 못했다. 그로 인해 억눌림이 컸다.

아이의 마음을 이해하고 힘들었구나! 위로하면서도 당장 분노를 느끼는 상황에서 빠른 처리 방법을 알려줘야 했기에 특수교육연수를 신청해서 받았다.

특수교육연수에서 강사님이 분노 조절은 올라간 에너지를 이완시키고 차분하고 깊게 다시 몸과 마음을 원 에너지로 회복시켜 주는 마음의 응급처치라고 말씀해주셨다. 응급처치를 위해 배운 것 중 가장 손쉽게 익힌 방법 두어 가지를 적용해 보았다.

첫째, 화가 난 상황에서 1부터 10까지 천천히 세기 그리고 두 번째, 꽃향기 깊이 맡기 – 학생들 앞에 향기로운 꽃이 있다고 여기고 꽃향기를 깊이 들이마시자고 했다. 깊이 들이마시다 보면 몸과 마음이 차분하게 돌아왔다. 1학년 학생이라 그런지 실제로 이 방법이 가장 효과가 있었다. 교실 분위기가 흥분되어 있을 때도 에너지를 다운시키기 위해 꽃 이름을 바꿔가며 시도했다. 어떤 때는 화가 난 친구를 마구 때리고 있거나 폭력을 행사하기 직전에 달려가서 껴안거나 손을 잡고 비폭력 대화로 감정을 읽어주기도 했다.

"위스덤! 지금 네가 씩씩거리는 것으로 봐서 화가 많이 났구나!"

"위스덤! 넌 힘이 세서 충분히 이길 수 있지만, 힘은 때리라고 있는 게 아니고 약한 사람을 도우라고 있는 거야!"

감사하게도 위스덤은 빠르게 좋아졌다. 화가 난 것을 처리하는 방법을 알게 되니 힘을 가진 자의 여유가 느껴졌다. 표정도 밝아지고 원래도 그랬지만 친구들을 향해 더 너그러워졌다. 그리고 말도 많아졌다. 위스덤에게 자신의 감정을 알아주고 주목해주는 것이 필요했던 것 같다. 앞으로도 살아가면서 싸워내야 할 일들이 많겠지만 위스덤과 나는 여기까지는 서로 같이 이겨낸 것 같다. 위스덤

안에 있는 힘과 사랑, 지혜가 아름답게 드러나는 시간이 오기를 기대해 본다.

협동학습으로 하나 되기

    나는 협동학습을 학급 운영의 철학으로 실천한다. 원래 협동학습은 학교에서 시작된 것이 아니라 사회적 문제를 해결하기 위해 학교로 거꾸로 들어간 학습방법이다. 특히 다문화 사회였던 미국에서 학급 내 다른 민족 친구들과 협동하도록 가르치는데 효율적인 도구로 사용된다고 한다.

    협동학습은 다양한 구조적 방법들이 있다. 하지만 1학년을 가르치면 사실 처음부터 협동학습을 적용하기는 힘들었다. 기초 기본을 가르쳐야 하기 때문이다. 처음에 1학년을 맡을 때는 먼저 기본자세와 수업 태도, 책임감 등을 가르치면 되지 굳이 협동학습을 가르칠 필요가 있을지 회의적으로 생각할 때도 있었다. 하지만 1학년도 친구들과 평화적으로 의사소통을 해야 하고, 모둠 활동도 해야 하고, 짝과 함께 잘 배울 필요도 있고, 무엇보다 말하고 듣기를 잘 배워야 해서 결국엔 협동학습을 지도했다.

협동학습의 방법 중 가장 손쉽고 효과적이며 수업에 활기를 불어넣을 수 있는 방법은 '마침 신호'이다. 4명이 서로 손을 대고

"짠 짠 짜~잔!"

손바닥을 서로 치니 서로에게 에너지를 주고 잠도 깨고 활력이 생긴다. 때로는 손끝을 가운데로 모았다가 서로 감아 돌리며 꽉 잡았다가

"하나, 둘, 셋 파이팅!"[5]하는 활동도 즐겁다. 대게는 모둠 활동이 끝날 때 활용하여 교사와 학생들이 한 단계를 매듭짓기 위해 사용

협동의 손 모으기 아름답다.

하나, 때로는 내용과 상관없이 그냥 재미와 단합을 위해 할 때도 많았다. 선생님들과도 연구회에서 해봤는데 서로 손을 감아 꽉 돌릴 때는 왠지 모르는 짜릿함과 강한 소속감을 느낄 수 있다. 다양한 색의 피부를 가진 친구들이 손을 돌리면 진짜 아름답다.

다음으로 내가 가장 중요하게 생각하는 협동학습의 기본 활동은 '돌아가며 말하기'이다. 돌아가며 말하기에는 가장 중요한 핵심 역량이 숨어있다. 바로 '말하기'와 '듣기'이다. 모든 친구 앞에서 말할 때보다 훨씬 부담이 적어 소그룹 모둠에서 말하면 특별한 자신감이 필요하진 않다. 말하면서 친구들에게 들리게 말해야 하니 한국말을 연습할 수도 있다. 모둠 활동할 때마다 또래들과 공식적인 말하기

5) 김대권선생님 수업하나만 바꾸자

훈련을 하는 것이다. 또 친구가 말할 때는 눈을 맞추며 고개를 끄덕거리며 긍정적인 반응을 해주는 듣기가 되어야 한다. 자신이 말할 차례를 기다리며 친구 이야기를 끝까지 들어야 한다. 돌아가며 말하기만 잘되면 그해 협동학습은 끝난 것이다. 다문화 친구들의 돌아가며 말하기는 진짜 잘 됐다.

모둠 친구가 말하면 듣는 친구들은 눈을 보며 집중한다.

특별히 집에서는 한국말을 쓰지 않는 아이들이 많은데 학교에서 옆 친구들과 수업시간에 마음 놓고 이야기할 수 있으니 좋은 말하기 훈련이었다. 말하기의 방법 중 15인치 소리6)가 있다. 엉덩이를 좀 들고 말하는 친구의 얼굴에 집중하고 모둠의 이야기 소리가 모둠에서는 들리지만 다른 모둠에는 들리지 않아 벌들이 웅웅거리는

---

6) 한국협동학습연구회, 『협동학습1』, 한국협동학습센터, 2012.

소리와 비슷하다고 해서 '벌통 소리'라고도 한다.

아이들에게 설명해 주니 진짜 잘 따라 했다. 그중에서도 지영이, 예원이, 수민이, 희선이 모둠은 서로가 서로에게 집중해주고 반응을 건강하게 해주어 큰 시너지를 냈다. 협동학습을 할 때 아이들의 이야기에 귀 기울이기보다 주로 협동을 잘하는 모둠을 칭찬해 주는 역할을 하는데 사진을 찍어주기도 한다. 자신의 이야기에 귀 기울여 주는 친구들을 보며 환히 웃고 집중하는 얼굴을 보면 잠시 행복을 느낀다.

마지막으로 짝 활동으로 '짝 점검'을 수학 시간에 자주 사용한다. 짝 점검의 최대 장점은 친구를 도와주면서 지켜봐 주는 것이다. 처음엔 가위 바위 보에서 진 사람 수학 익힘책을 집어넣고 이긴 친구 책 한 권 만 놓게 한다. 함께 풀라고 하면 귀찮아하기도 하지만 친구가 수학 문제를 풀 때

"잘하고 있어!"

"다시 한 번 해 봐!"

"너 참 잘하는구나!"

격려와 칭찬의 이야기를 들으면 서로 친해지고 서로에게 상호보완적인 관계를 갖게 된다.

어린 다문화 아이들의 협동은 서로에게 긍정적인 영향을 끼치며 보완하고 시너지를 주는 굉장히 힘 있는 활동이다. 1학년은 1학기에 50까지 세고, 10이 안 되는 덧셈을 하다가 2학기에 100까지 세고 더해서 받아 올림과 함께 10을 넘기면 끝이다. 손가락이나 수막대 같은 구체물을 이용하도록 격려한다. 손가락을 활용해 수를

세고 있는 위스덤을 바라보는 아이가 기특했다.

손으로 셈을 하는 위스덤을 지켜보며 격려한다.

다문화 아이들에게 협동학습은 함께 협동하며 살아가야 할 사회생활을 준비하는 살아있는 배움 활동이다. 피부색과 부모의 국적으로 인해 배척당하지 않고 따뜻한 눈으로 바라봐주고 들어주는 친구들에게 수용되는 과정이고, 한국말을 두려움 없이 듣고 이해할 수 있는 장이 된다. 나만 먼저 좋은 것을 가지려는 욕심을 다루는 참을성을 기르는 시간이다. 나 말고 저 친구도 멋진 생각을 할 수 있음을 인정하는 의사소통 훈련의 장소이다.

나보다 우리가 더 괜찮은 것을 깨닫는 배움이다.

갑자기 늙어버린 어린이들

조용한 곳에서 식사하는 것을 좋아한다. 그런데 며칠 전에 교사인 친구가 재미 삼아 재본 급식실의 소음은 최소 80 데시벨, 최대 100 데시벨이었다. 80 데시벨은 지하철이 지나가는 소리, 90 데시벨은 천둥 치는 소리, 100 데시벨은 이륙하는 제트기 소리란다. 우리는 제트기 옆에서도 밥을 먹고, 잘 소화 시킬 수 있는 능력자라며 웃었다.

급식시간은 소란스럽고 사건 사고가 많아 교사는 점심을 먹으면서도 늘 긴장의 연속이다.

"선생님 시금치 안 먹으면 안 돼요?"

"먹어보는 것은 어떨까?"

"선생님 밥 몇 번 더 먹어요?"

"음, 3번만 더 먹어보렴."

"선생님 저 이가 없어서 당근 못 씹어요."

"하하. 당근은 그럼 패스!"

"선생님 요플레 먼저 먹어도 돼요?"

"밥 먼저 먹고 먹어라."

"선생님 친구가 새우튀김 가져갔어요."

"가서 새로 받아와 친구 것 먹지 말고!"

"선생님 저 젓가락 떨어졌어요."

"...새로 가져오자~"

"선생님!"

"선생님!"

"선생님!"

"선생~~니~~임~~!"

참다못해

"왜!"하고 버럭 물었다.

"...아니 저 다 먹었다구요."

"...응 그래 정리하고 올라가자."

이런 일상의 연속이다. 그래서 요즘은 더욱 조용한 식사를 좋아
하게 되었다.

갑자기 급식실 이야기를 왜 꺼냈냐고? 이렇게 전쟁터 같은 급식
실이지만 꼭 이곳에서만 볼 수 있는 웃긴 장면이 있기 때문이다.
이름하여 '어른으로 만들어 주는 짜장면'.

급식으로 짜장면이 나온 날이었다. 아이들은 서툰 젓가락 사이로
삐져나오는 면발을 열심히 잡아서 입속으로 넣었다. 흡사 요리조리

피하는 물고기를 낚는 낚시꾼 같기도 했다. 자꾸 안 잡힌다며 짜증을 내는 아이도 있었지만,

"음! 내가 살다 살다 짜장면 이렇게 맛있기는 처음이네."라는 인생 8년 차의 아이도 있다.

이 아이들이

"선생님." 하고 불렀을 때 아이들의 얼굴을 보고 웃음을 멈출 수 없었다. 등교하면서부터

"선생님 안녕하세요? 저 배고파요."라던 아이들은 짜장면을 온 얼굴로 환영한 것이었다. 남자아이, 여자아이 할 것 없이 입술 위에 다들 짜장 소스 수염을 달고서는 "다 먹었어요." 하는 모습을 보며 너무 웃겼다. 자기들끼리도 서로 얼굴을 보며

"야, 김재찬 너 얼굴이 그게 뭐야. 아저씨 같아~"

"정민아 너 수염 생겼다! 큰일 났다. 너 여잔데 남자 됐다~"라고 놀렸다.

그래서 사진을 찰칵찰칵 찍어서 보여줬다.

"얘들아 사실 너희 지금 다 수염 있어…."

그랬더니 깔깔거리며 행복 데시벨을 10 정도 더 높였다. 그 와중에 우리 빅토는

"선생님 저는 수염 안 생기는데요?"라고 말했다.

순간 '오잉?' 하고 쳐다봤다. 아, 이런! 빅토는 원래 피부가 갈색이어서 짜장면 소스가 그렇게 도드라져 보이지 않았기 때문이다. 아이들도 맞장구를 치며 빅토는 아직 아저씨 안 되고 자기들만 됐다고 깔깔거리고 웃으며 점심시간이 마무리되었다.

점심을 먹고 남은 시간 동안 신나게 뛰어 놀고 들어온 빅토의 얼굴에서 검은 수염 대신 다른 수염을 발견했다. 바로 산타할아버지와 같은 새하얀 수염이었다. 어디서 온 수염 인고하고 묻는다면, 격한 축구 후에 생긴 콧물이 갈색빛 피부 위에 말라서 생긴 흔적이었다고 답할 수 있다. 배꼽이 빠지게 웃었다. 빅토는 점심시간에 아저씨가 안 된 대신에 5교시 때 할아버지가 되었다고 이야기했다. 빅토도 달려가 거울을 보더니 멋쩍게 웃으며

"이거 콧물이에요."라고 이야기하더니 물티슈로 쓱- 닦았다.

그때가 11월이었으니 우리는 12월까지 두 달여 동안 빅토 얼굴에 내린 빛 한 줄기를 가끔 볼 수 있었다. 그뿐만 아니라, 옆 반 임마누엘, 페버도 겨우내 수염 한 줄기씩 달고 다녔다. 그때마다 쿨하게 콧물을 쓱 닦던 우리 빅토. 그 모습을 볼 수 없는 봄, 여름, 가을철이면 가끔 떠올리며 웃곤 한다.

B형 혈액형에 대한 새로운 해석

자신은 A형이란다.

지난주 점심시간에 우리 반 귀요미 예원이가 물었다.

"선생님 혈액형이 뭐예요?"

"선생님은 B형인데~ 선생님은 자기표현을 잘하는…."

내 말이 끝나기도 전에 예원이가 다시 대답했다.

"아~ 선생님이 B자처럼 불룩불룩 배가 나와서 B형이구나~"

'그래 예원아~ 선생님은 여기저기 많이 튀어나온 B형

이다!'

'넌 그렇게 만들고 나니 A형이니?'

'넌 좋겠다. 귀여워서! 난 B형이라 그렇게 만들기 힘들어!'

G번역기! 나 대신 말해줘!

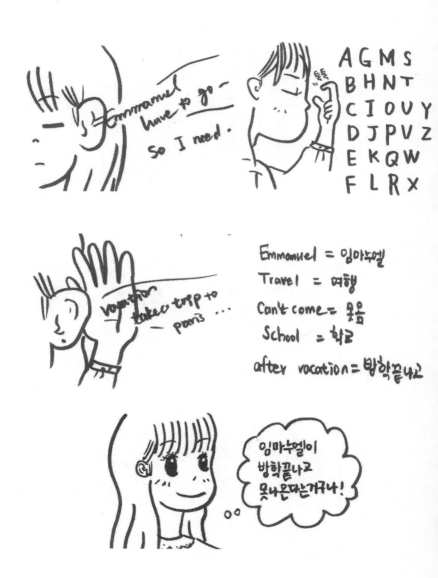

네 다리는 초콜릿 다리야!

네 다리는 초콜릿 다리야!

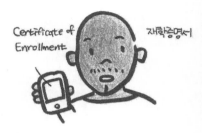

네 다리는 초콜릿 다리야!

-끝 진짜 끝!-

12월의 선물

빅토를 2년 연속으로 담임하게 되어 나와 빅토 사이에는 재미있는 일이 많았다. 우선 1학년 때의 빅토에 대해 설명하자면 글씨는 못 읽지만 못하는 말이 없었다. 언젠가 나에게 와서

"선생님 제가 하는 말 크게 따라 해 보세요." 하더니 이렇게 말했다.

빅토 : 짜장면 3,000원

나 : 짜장면 3,000원!

빅토 : 짬뽕 4,000원

나 : 짬뽕 4,000원!

빅토 : 쫄면 10,000원

나 : …

그러더니 큰 소리로 내 눈앞에서 박수를 치고

"에~ 선생님 눈감았죠? 쫄았으니까 만 원 주세요!"라고 할 정도

다. (물론 "넌 울면 2만 원이다!!"라고 하며 주먹을 휘두르긴 했지만….)

또 한 번은 편지를 써주었는데, '선새 여름님께'라고 쓰거나 받아쓰기에서 한 글자도 쓰지 않는 등 내 속을 뒤집어 놓았다. 그래도 빅토가 싫지 않은 이유는 에너제틱하고 유머러스하다는 점이다. 어떤 활동이든 양말 벗어 던지며 참여하거나 노래만 나와도 힙합을 뱉곤 하며 우리 반에 활기를 넣어주었다.

빅토가 만든 여름님 사랑해요.

그런데 1년이 지난 후, 2학년 때의 빅토는 1학년 때와는 다르게 학교도 자주 늦고, 쉬는 시간에 코를 골며 잠을 자기도 하였다. 12월쯤 별안간 빅토가 다가와서 이렇게 말했다. "선생님 저는 동민(같은 반 학생 이름)이가 부러워요." 그 말을 하는 빅토 표정에는 장난기라고는 없었다. 사뭇 진지한 그 애의 표정에 나는 "왜?"라고 물었다.

빅토가 말해준 이유는 이랬다.

12월 6일은 빅토의 생일이지만, 빅토는 태어나서 선물을 단 한

번도 받아본 적이 없다고 했다. 그리고 요즘에는 동생들이 말도 잘 안 듣고, 동생을 깨우고 유치원을 보내는 일, 그리고 집안일을 다 하는 것이 힘들다고 했다.

"나에게 사랑은 다 죽었어요."라고 말하는 빅토가 너무 슬퍼 보였다.

빅토네의 뿌리는 나이지리아이다. 나이지리아가 속한 아프리카의 문화는 한국과는 다르게 어린아이도 청소, 빨래, 설거지, 동생 밥 먹이기, 음식 하기 등 집안일을 하는 것 같다. 어린 빅토가 아무리 씩씩해도 우리 반 다른 아이들과 비교해 보니 이것저것 속상했을 터였다. 게다가 12월 초에는 다른 학생이 부모님께 받은 생일선물을 자랑했으니 말이다.

빅토에게 산타클로스가 있다면 너는 어떤 선물을 받고 싶은지 물었다. 그랬더니 빅토는 얼굴표정 하나 안 바뀌고

"그런 거 없어요. 있으면 저번에(진작) 받았겠죠."라고 대답하여 나를 더욱 슬프게 했다. 그래서 빅토에게 선물을 해주리라 마음을 먹었다.

"빅토 너 축구 좋아하지?"라고 물어보았다. 빅토는 "네!"하고 대답하며 눈을 반짝였다. "너는 포그바 같아! 이렇게 축구 열심히 하면 나중에는 엄청 훌륭한 축구선수 되는 거 아니야?"라고 축구에 대해 아는 체하니까 빅토는 내가 잘 모르는 세계적인 축구선수 이름을 대며 들떴다. 슬쩍 발 사이즈가 몇이냐고 묻자 빅토는 기다렸

다는 듯이 220이라고 냉큼 대답했다. '다이어트도 할 겸 치킨 4~5 마리 정도 포기해 보자!'라는 마음으로 수업이 끝난 후에 축구화를 열심히 알아보았다.

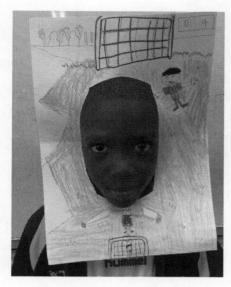
푸하하 그림을 뚫고 나온 축구선수 빅토

조금 뒤에 괜찮은 축구화 1, 2, 3 순위를 정하고, 교실에 잠시 놀러 온 빅토에게 무슨 색깔이 좋냐고 물었더니 쑥스러운 표정을 하면서 대답했다. 대답하는 빅토가 너무 귀여웠다.

"에이 선생님 돈 낭비일걸요?" 축구화를 보고 있는 것을 눈치 채고 비싸니까 사지 말라는 뜻이었다. 다른 학생 같으면 빨강이요! 파랑이요! 하면서 이것저것 이야기할 텐데, 빅토는 받는 것이 서툴러 보여서 마음이 더 짠했다.

"너 빨강 좋아한다며! 빨강으로 산다!" 했더니 얼굴이 빨개져서 아무 말 없이 교실 뒷문으로 쌩하고 나갔다. 다음날 아침 일찍 와서 나에게

"선생님 축구화 말이에요…"라고 말을 흐리더니

"그거 진짜 오는 거에요?"라고 기대에 찬 목소리로 물었다.

"응. 그거 오고 있어."라고 대답할 수 있어서 행복했다.

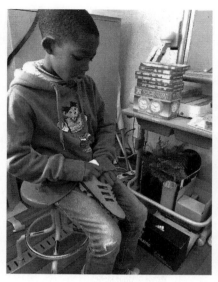
축구화를 신어보는 빅토

드디어 축구화가 온 날, 빅토만 학교에 일찍 오라고 하였다. 빅토는 약속 시간 보다 더 일찍 학교에 와서는 박스를 이리 흔들고 저리 흔들더니 기분 좋은 티를 안 내려는 듯 살짝 웃었다. 박스를 열고 빨간 축구화를 신는데, 왜 내가 다 기분이 좋은지…. 빅토가 축구화를 신으며 하는 말이 나를 너무 기쁘게 했다.

"선생님 저 이거 발이 커져도 꼭 신을게요."

축구가 세상에서 제일 좋다는 빅토야. 너는 정말 소중한 사람이야! 너를 항상 응원하고 진심으로 행복하길 바라. 왜냐면 선생님은 너의 팬이니까!

복도에서 느끼는 감정

1학년 아이들과 학교 내 조용한 장소에서 자신들의 기분을 이야기하는 시간을 가졌다. 학교 폭력과 아동의 상태를 파악하기 위한 질의 시간이었다.

사용할 수 있는 기분은 4가지.
[재미있다. 슬프다. 답답하다. 화난다.]

교실에서는 기분이 어때?
수민이 : 재미있어요!
시 우 : 재미있어요!
민 서 : 재미있어요!

복도에서는 기분이 어때?

유준이 : 뛰어다니고 싶어요!

급식실에서는 기분이 어때?

수민이 : 배고파요!

유준이 : 맛있어요!

화장실에서는 기분이 어때?

서윤이 : 무서워요!

유준이 : 공격하고 싶어요!

감정 4가지라도 구분하고 배우게 하려는 1학년 교사들의 계획은 허무하게 끝이 났다. 유준이는 여전히 화장실에서, 복도에서 늘 친구들과 전쟁놀이를 했다.

줄리의 댄스컬

2학기에 아트크리에이티브 행복한 상상팀에서 주관하고 우리학교에서 진행한 사업 '댄스컬'을 진행했다. 제목처럼 댄스를 하고 싶고 소질이 있는 아이들을 발굴하고 도와주는 사업이었는데 줄리도 거기 지원했다. 1학년인데 워낙 키가 커서 고학년 위주로 된 팀에서도 외모로는 뒤지지 않았다. 학교 끝나기 무섭게 동생들을 데리러 가야 하는 모습을 보며 안타까웠는데, 댄스를 배우며 뭔가 성취해 가는 걸 보니 좀 뿌듯했다. 그전에는 책만 보고 그림만 그리던 줄리가 댄스를 배우기 시작한 후에는 교실에서 가끔 춤추는 모습을 보여주었다. 아직 완성도가 높은

수료증을 자랑하는 줄리

동작은 아니었지만, 활기를 가져 보람 있었다.

댄스컬 발표 모습이다. 가운데 모자 쓰고 손을 높이든 친구가 줄리

　나중에 12월 학교 학예발표회에서 줄리는 학급에서 하는 연극발
표회와 함께 댄스컬 공연에도 나왔다. 공연에 앞서 그동안 모여서
연습했던 장면을 엮은 동영상을 보여줬는데, 그동안 참여한 줄리의
모습만 봐도 눈물이 그렁그렁했다. 줄리가 이렇게 연습했었구나! 에
구 장하다! 줄리!

『쿠키 한 입의 인생수업』이라는 책을 읽고

우리 반 학생들 대부분은 아침을 먹지 않고 집에서 과자를 많이 싸오곤 한다. 그런데 서로 나눠 먹지 않거나, 친한 친구들끼리만 나눠 먹는다. 아침마다 교실 곳곳에서 "선생님, 쟤가 저만 빼고 먹어요!"라고 볼멘소리가 나온다. 하지만 명백히 따지면 과자 주인 마음이기에….

'어떻게 하면 나눠 먹을 마음이 생길까?' 고민했다.

"선생님 젤리!", "선생님 사탕!"

학생들을 집에 보내고 오후에 업무를 하고 있으면 교실 문을 벌컥 열고 학생들이 날 부르는 소리다. 도대체 이 시간까지 왜 집에 안 가는지 모르겠지만, 마치 젤리랑 사탕을 맡겨놓은 듯한 뻔뻔함으로 손바닥을 내민다.

"젤리랑 사탕 맡겨놓으셨나 봐요~~?"라고 놀리며 주지 않곤 한다. 받는 것에만 너무 익숙한 학생들 '어떻게 하면 나누는 것도 사

탕만큼 달콤하다는 걸 알까?'

『쿠키한입의 인생수업』을 활용해보기로 했다. 주인공은 수많은 쿠키를 나눠 주지면서 그 가치를 느끼고 즐거워한다. 그것처럼 우리도 쿠키를 직접 구워서 나눠 먹는 활동을 해보기로 했다. 그러다가 우리 이왕 하는 거, 교육과정에 나오는 나눔 장터랑 같이해서 수익금을 기부하자는 이야기가 나왔다. (이것이 작은 학교의 즐거움! 부장님 "오케이.", 나 "오케이." 하면 우리는 뭐든 할 수 있다!) 계획과 동시에 초코파우더, 포장지를 사고 학생들에게 홍보를 했다. 가, 나, 다 배우던 아이들이

"나눔 쿠키를 팝니다."

"한 봉지에 천 원."

"기부 할 거예요."라는 문구의 홍보 포스터를 직접 만들고 학교 곳곳에도 붙였다. 그리고 쿠키 말고도 나눔 장터에서 팔고 싶은 물건을 챙겨오기로 했다.

초코쿠키믹스, 달걀, 녹인 버터를 넣고 주걱으로 열심히 저었다. '찌-익'하고 가위로 초코쿠키믹스 봉지를 여는 순간부터 코끝을 살랑이는 단내가 학생들을 열광하게 했다. 반죽만 만들었는데도

"선생님 이거 먹으면 배탈 나요?"라며 군침을 흘렸다. 잘 만든 반죽을 100원 크기로 동그랗게 뭉친 다음에 양 손바닥으로 꾹 눌러서 쿠키를 만들었다. 그리고 초코칩도 콕콕 올렸다. 개중에 창작의 열을 불태우는 아이들은 용을 만들거나 꽃을 만들기도 했다. 너무

두꺼운 작품은 익지 않기 때문에 아쉽지만 손바닥으로 꾹 누르게 했다. 아이들은 아쉬움의 눈물을 삼키며 손바닥으로 꾹 눌렀다.

쿠키믹스의 단내가 코끝을 살랑인다면, 오븐에서 구워지는 동안 나는 따듯한 쿠키의 단내는 이성을 마비시킨다. 아이들은 정말이지 심각한 표정을 지으며 쿠키를 다 먹어버리고 싶다고 했다. 100개 정도는 먹고 싶다고 했다. 아쉽지만 그건 안 되지. 우리 반은 그림책 속 주인공처럼 딱 하나만 먹기로 했다. 딱 하나만 먹고 나머지는 열심히 팔기로 약속했다. 약속을 마치고 우리는 빨간 오븐 속을 보면서 초코쿠키가 바람 넣은 볼처럼 부풀었다가 다시 가라앉는 걸 지켜보았다.

"우와~" 하는 감탄사도 연발하며 초코쿠키가 살아있다는 '초코쿠키 생명설'까지 등장했다. "띵!" 소리와 함께 갓 꺼낸 쿠키 앞에서도 우리 반은 어렵사리 하나만 먹겠다고 다시 약속을 했다.

"선생님 우리가 만든 건데 왜 하나밖에 못 먹어요?"라고 한 아이가 질문했다. 사실은 나도 하나만 먹는 것이 너무 어려웠기 때문에 그 고민을 이해하고 나도 모르게 고개를 끄덕일 뻔했다. 그랬더니 다른 아이가

"우리가 다 먹으면 팔 수 있는 쿠키가 없잖아." 하고 대답했다. "우리가 쿠키를 안 팔면 돈이 안 생겨, 그러면 다른 사람을 못 도와줘"라고도 했다. 그랬더니 고개를 끄덕였다. 우리가 아무것도 바라는 것 없이 다른 사람을 위해 도움을 주는 것을 '기부'라고 한다고 알려주었다. 그랬더니

"아, 그게 기부구나."라며 새로운 것을 배웠다는 듯이 눈이 동그래졌다. 아이들은 기부를 위해 집에서도 많은 물건을 가지고 왔다. 아끼던 물건을 천 원으로 할지 이천 원으로 할지 고민도 하고, 책상 위에 이쁘게 진열하면서 나눔장터를 준비했다. 쿠키는 식힌 후 학교에서 늦게까지 노는 학생들에게 부탁하여 포장했다. 일당은 쿠키 한 개씩!

나눔장터 당일에 쿠키는 불티나게 팔렸다. 좋은 일에 쓰인다고 홍보하였더니 고학년 학생들이 쿠키를 많이 사 갔다. 아이들은 기업가적 마인드로 수익창출에 커다란 기쁨을 느끼는 듯했다. 그래서였는지 열심히 사람들을 불러 모았고, 이내 40봉지나 되었던 쿠키는 5분도 안 되어 동이 났다. 나눔장터 물건도
"떨이요. 떨이!"라고 홍보하며 열심히 팔았다. 우리의 구슬땀으로 약 8만 원의 수익을 냈다.

"8만원은 500원짜리 아이스크림을 160개를 사 먹을 수 있는 돈이야."라고 말했더니 학생들은
"흐익~~~!!"하며 정말 그만큼이나 벌었냐고 재차 물었다. 달콤한 쿠키가 8만 원으로 변하고, 그것이 누군가를 돕는 사랑으로 변하는 과정을 전부 지켜본 우리 반. 나눔은 이렇게 달콤한 향기가 난다는 것을 알았으려나.

난 이런 교사다

월요일 오늘 아침 학교에 갔는데, 수민이 표정이 안 좋았다.
그래서 물었다.

"수민아 오늘 아침에 엄마한테 혼났어?"

"아니요!" 얼굴이 시무룩한 채 대답했다.

"그럼 할머니가 너 늦게 준비한다고 혼내셨구나!"

"아니요!" 큰 눈에서 눈물이 곧 떨어질 것만 같았다.

월요일 아침부터 아이가 힘들어하는 것 같아 또 물었다.

"그럼 왜 이렇게 슬퍼 보여?"

수민이가 날 보더니 이렇게 대답했다.

"선생님이 너무 보고 싶어서 힘들었어요.
주말 동안 볼 수 없어서 슬펐어요!"

'앗 이 아이! 너무 맑은 영혼을 가졌다!'

난 수민이가 주말에 그토록 보고 싶어 슬퍼하는 이런 교사다.

늘 즐거운 페버와 임마누엘

물론 1교시, 2교시, 3교시 가면서 맑은 영혼에게 사랑받고 있다는 사실은 잊은 채 목소리가 높아졌다!

"페버!!! 임마누엘!!! 너희들 꿈두레반 가!"

허허 난 이런 교사다.

그녀들에게 - 힘내요! 희선이 엄마!

　다문화 아이들을 보며 아이들보다 엄마들이 더 마음이 쓰였다. 나는 선생이기 이전에 같은 여자요 엄마로서 공감할 수 있는 부분이 많았다. 나도 여자라서, 엄마라서 가정에서 느꼈던 아픔과 우울함이 생애 구석구석에 차곡차곡 쌓여있다. 그때는 힘들었지만, 엄마들과 대화하며 카드처럼 하나씩 꺼내 공감을 줄 수 있을 때는 나의 우울한 경험들이 고마울 뿐이다.

　2017년 학부모 상담주간에 베트남 엄마와 상담을 했다. 엄마는 한국말을 유창하게 하진 않지만 비교적 잘하고 잘 이해했다. 엄마의 아이도 다른 아이들처럼 똑똑하고 예쁘고 인기가 많았다. 아이가 얼마나 씩씩하게 잘 적응하고 있는지 말씀드렸다. 처음엔 아이의 학교생활을 이야기하지만, 다문화 엄마를 만나면 항상 엄마 이야기를 묻는다.

"어머님 이야기 듣고 싶어요! 요즘 어떻게 지내요?"

어머님의 겉모습은 정말 참해 보이고 예쁜, 천상 가정주부 스타일이었다. 하지만 한국에 와서 아이 둘 키우면서 시어머님 모시고 남편 뒷바라지하고 집에만 있으면서 내면은 많이 우울하다고 했다. 주변에 베트남 친구도 없고….

이야기를 듣다 보니 같은 여자로서 안쓰러웠다.

"한국에 와서 참 고생이 많아요!"

"나도 산후우울증 있었어요!"

하고 공감해주니 눈시울을 적셨다. 더 이야기 듣고 싶어 하는데, 자꾸 시간 뺏는 것 같다고 미안해했다.

아니 상담이니 당연하다고 말하고 갈 때 안아줬다.

그냥 안아주고 손을 잡아줬더니 본인은 원래 차가운 데 내 손이 따뜻하다고 활짝 웃고 갔다.

그래도 마지막엔 자신이 선택한 삶이라 한국에 남편과 아이들, 시어머님 새 가족이 생겼다고 감사하다고 했다.

나도 교사와 학부모이기 이전에 같은 여자로서 이런 만남을 가질 수 있어서 감사했다.

그냥 이렇게 말해주고 싶다.

"기특해요! 잘하고 있고, 잘 살아줘서 예뻐요!"

힘내요, 희선이 엄마

2016년 우리 반은 나이지리아, 베트남, 필리핀, 태국에서 온 엄마들과 아이들이 절반이나 되었다.

국어 시간에 〈슬퍼하는 나무〉를 읽고 등장인물들에게 편지를 쓰는 활동을 했다.

희선이가 새끼들을 잡아가려는 남자아이로부터 새끼 새들을 보호하는 어미 새에게 편지를 썼는데 엄마를 생각하는 아이의 마음이 느껴졌다.

새에게

새야 슬퍼하지 마
그리고 새야 너무 힘들지!
남편 없어도 아기 키울 때 힘들었잖아!

슬퍼하는 나무 이야기를 볼 때 어미 새가 혼자라는 것이 보인 아이가 안쓰러웠다. 그러고 보니 어미 새가 혼자 새끼들을 키우고 있었다. 철없는 아이 같았는데 엄마를 보면서 희선이는 자신의 존재가 미안했을까? 아이들을 만나면서 아이들의 자아를 들여다보게 된다. 아이들끼리 즐겁게 지내는 것 같지만, 왠지 모를 자신의 존재에 대한 부담감을 감당하지 못하는 것을 느낄 땐 마음이 짠하게 다가왔다.

한글을 읽지도, 이해하지도 못하는 엄마가 8명이나 되는데, 한글로 알림장 똑같이 써주면서, 안 해오면 닦달하는 그런 부끄러운 교사일 때가 많았다.

교실은 누구나 배울 수 있어서 공평하고 행복하다. 그러나 또한 교실은 서로 다른 배경과 아픔을 지닌 아이들을 형편에 맞게 평등하게 가르치지 못해서 아플 때가 많다.

저마다 사연이 많지만, 자신의 어려움을 이겨내고 씩씩하게 살아가는 모습을 보는 것은 교사이자 같은 여자요 엄마로서 뭉클하다.

1년이 지난 어느 아침 출근길에 마르고 어둡기만 했던 그녀가 아이 손을 잡고 씩씩하게 학교에 들어가는 것을 보았다. 표정도 밝고 아이도 안정감이 보였다. 그냥 차를 타고 등교하다 만난 아름다운 장면은 내가 교사로서 한 일이 없어도 참 기뻤다.

상황이 어려운 중에도 끊임없이 이겨내고 살아보려고 하는 노력을 보면 기특하다. 학교와 지역사회 다문화 가정지원센터 그리고 가정이 서로 손을 잡고 한 가정, 한 아이를 일으켜 세워가는 모습도 아름답다.

그녀들의 삶을 응원한다. 굳이 다문화가 아니어도 홀로 아이를 키우며 이겨내는 엄마 여자들의 삶을 응원한다.

나는 노력도 안 하고 편하게 아이들과 엄마들에게 박수만치는 엄마 여자이다. 일요일 아침부터 소파에 앉아서 페북 질이나 하는 게 으른 엄마 여자이지만 말이다.

처음 학교 가는 날

이 에피소드를 쓰다가 문득 처음으로 되돌아가 보았다.

2015년 3월, 공식 직업인으로서 '선생님'이 되었다. 새로운 지역에 집을 구하고, 처음 타보는 방향으로 지하철을 탔으며, 낯선 직책이 가지는 책임감에 대해서도 생각해 보았다. 그리고 집에서 혼자 자기소개도 열심히 연습해 보았다. 너무 고지식해 보이지도, 너무 어설퍼 보이지도 않는 평범한 선생님 같은 모습으로…. 드디어 첫 출근날, 무엇이든 처음이란 것은 설렘과 두려움이 공존하는 것 같다. 떠올려보면 그해 동두천의 3월은 유난히 추웠는데 역에서 학교까지 어떻게 걸어갔는지도 기억나지 않는다. 한 걸음은 두려움, 다음 한 걸음은 설렘. 두려움과 설렘의 걸음을 번갈아 걸으며 겨우 학교에 도착했다.

교실에 들어갔을 때 17명 남짓, 적은 수의 3학년 아이들을 뚫어

져라 바라보았다. 한눈에 봐도 외국인인 아이 두 명과 묘하게 피부색이 검고 이국적으로 생긴 아이 두 명. 단번에 이렇게 생각했다.

'우와. 어느 나라에서 왔지? 뭐라고 말해야 되지? 아니 어떻게 말해야 되지?'

이런 생각을 하고 있는데 파키스탄에서 온 합사가 이렇게 말했다.

"어! 선생님 아까 방송에서 오늘 학교에 처음 온 선생님이라고 하던데 맞아요?" 그랬더니 얼굴색이 묘했던 지영이가 조금은 어눌한 말씨로 이렇게 대답했다.

"우왕~ 여자 선생님이다! 여자 선생님 제일 좋아!" 당연히 한국말을 못 할 것 같이 생긴 아이들이 한국말로 유창하게 이야기하기에 정말 깜짝 놀랐다. 그러면서 내가 과거에 겪었던 일이 떠올랐다. 학부 때 해외 교육 실습을 간 적이 있었는데, 그곳의 대학교에서 어떤 학생을 알게 되었다. 중국 쪽 분위기가 나는 아시아인이었다. 나는 그 친구가 중국인지, 홍콩인지, 대만인지, 혹은 다른 아시아인인지가 궁금하여

"Where are you from?"이라고 물었다. 그런데 돌아오는 대답은 "I'm from here."이었다. 겉모습만 보고 생각했었는데 틀렸던 것이다. 그때도 '아, 생김새로 지레짐작하면 안 되는 거구나.'라고 생각했었는데, 인간은 같은 실수를 반복한다. 우리 학교에도

"너 어디서 태어났니?"라고 물으면 "한국이요."라고 대답할 외국인들이 많았다. 그들은 한국어를 유창하게 말하고 듣는다. '편견을 갖고 대하면 안 되겠다.'라고 한 번 더 배웠다. 당연하다고 생각한

것이 당연하지 않은 우리 반….

하지만 내 두 번째 편견이 깨지는 일이 연이어 생겼다.

"걔도 다문화에요!?"

우리 반 철진이는 신이 너무 많은 재능을 주신 수재이다. 수학이면 수학, 국어면 국어, 사교성이면 사교성 뭐하나 빠지는 것 없는 이 아이는, 모든 교실에서 그렇듯이 선생님의 막역한 도우미이다. 잠시 교실을 비울 경우 믿고 맡기는 학생! 이번 논술형 평가에서도 뛰어난 답변을 내놓으며 감탄을 자아냈던 그 철진이!

"철진이가 다문화라구요?"

다문화 학생은 당연히 성취수준이 낮을 것이라 생각했었다. 오죽하면 임고생들은 2차 면접 중 수업 실연에서

"우리 티엔이는 이 단어카드를 사용해보아요~"라고 말하며 다문화 학생을 배려하는 듯한 발화를 넣는 것이 정형화됐을까. 그런데 다문화 학생이라도 이렇게 뛰어난 학생이 있다니, 난 궁금해서 다문화 특별학급 선생님께 여쭤봤다.

"선생님, 혹시 합사, 지영이, 은서, 미르 말고도 저희 반에 다문화 학생이 또 있나요?" 선생님은

"네! 지혜랑 희재도 다문화 학생이에요!"라고 말했다. 수업시간에 열심히 답을 찾기 위해 노력하는 지혜도, 학교가 처음인 나에게 친절하게 보건실을 안내해주던 희재도 다문화 학생이라는 것이다. 또다시 '아, 맞다. 생김새로 혹은 학습 태도나 능력으로 단정 지으면

안 되는구나.'라고 생각하게 되었다. 당연하다고 생각한 것이 당연하지 않은 우리 반….

편견으로 세 번씩이나 인생을 돌아보게 된 나는 매사를 조금 더 오래 그리고 깊이 생각해 보게 되었다. 스스로는 나를 다양성에 대해 포용적이라고 생각했는데, 실제는 사고가 닫혀있다고 느꼈다. 그러면서 다문화학생=다르게 생긴 학생, 다문화 학생=학습수준이 낮은 학생, 다문화 학생=학부모의 관심이 낮은 학생이 아니라는 것을 피부로 느끼게 되었다.

그리고 도달한 결론은 다음과 같다.

우리 반에 있는 그 특별한 아이들을 특징지을 때 결코 '다문화'라는 말이 그 아이들을 대표하는 설명이 되어서는 안 된다는 것이다. 내가 부지불식간에 가지고 있는 다문화에 대한 편견 때문에 합사를 합사답게, 지영이를 지영이답게 못 보았었다. 이제는 그러지 말아야지!

추가하는 이야기

그 이후로도 나는 굴레에서 벗어나지 못하고 미시감을 느낀 적이 많았다. 우리 반 학생들이 '나의 얼굴'을 주제로 그림을 그릴 때는 생소함에 깜짝 놀랐다.

갈색 크레파스를 집어든 아이가, 흰 도화지 위에 열심히 칠했다. 얼굴과 목을 칠했다. 그 색은 아이의 피부색과 꼭 닮아 있었다.

브라운 피부 친구들의 그림은
당연히 연 살구색 아닌 브라운으로 표현한다.

다문화 학교에 대한 제언

처음에는 1학년 다문화 친구들이 너무 귀여웠다. 말을 새로 배우는 아가들처럼 한글을 자신만의 언어로 만들어가는 모습에 반해 글로 남기고 싶었다. 그런데 가정방문을 하고 시간을 보내다 보니 그들의 삶이 보였다. 아이들의 삶에 함께하는 가족들의 삶도 보였다.

예상했던 것보다 다문화 학생이라는 타이틀이 특별한 것은 아니었다. 대부분은 한국에서 나고 자란지 오래되어 한국말을 잘했다. 사실 한국 사람이었다. 오히려 다문화이기 때문에 두 문화가 가진 장점을 갖춘 친구들이 더 많았다. 덕분에 똑똑한 친구들도 많고, 문화적 특징이 개성이 되어 창의성을 드러내기도 했다. 가르치다 보니 적어도 교실 안에서는 다문화 학생과 한국 학생의 차이점이 모호해지면서, 다문화보다는 가정환경이 오히려 학생들에게 영향을 미치는 것을 관찰했다. 편견과 달리 다문화지만 안정감 있고 공부도 잘하고 성품도 좋은 학생들이 있는가 하면, 한국 학생이지만 폭력

적이고 공부엔 도통 관심이 없기도 했다. 다문화가정이어서 가지는 근본문제가 있지만, 한국가정도 구성원과 상황에 따른 다양한 문제가 있다. 따라서 다문화냐 한국이냐 보다는 학생과 가정의 배경에 따른 상담과 생활지도의 원리를 개별적 시각으로 보는 것이 도움이 되었다.

다양한 문화를 살아가는 학생들과 함께 배움을 얻기 위해서는 그들의 배경이 되는 삶을 다루는 영역들에 대한 노력이 필요하다. 현재 다문화 교육은 다문화 연구학교에 다문화 특수학급만으로 다문화 학생을 교육하고 있다. 다문화 특수학급에서 한글 공부를 하고 담당 선생님의 노력으로 다양한 한국문화 체험을 한다. 당장 한글이 급한 학생들에게 긴급 처방을 내리는 차원의 필수과정이다.

하지만 학생의 건강한 성장을 바란다면 한글 교육 및 문화체험과 함께 다양한 측면에서의 도움이 필요하다. 다문화 학생 스스로 느끼는 정체성 문제의 해결, 외모와 언어로 인해 느끼는 차별에 대한 대처, 부모님과의 의사소통의 어려움으로 인한 학교생활 지원의 어려움, 부모님의 갈등에 대한 상담, 부모교육, 꾸준한 가정지원, 긴급한 법적 상황에서 아이 보호 등, 다양한 필요에 대한 학교 시스템 구축이 필요하다.

만약 다문화 학생이 30% 이상인 학교에 근무한다면 동료 교사들과 이렇게 학교를 꾸리자고 제안하고 싶다. 다문화가정이 근본적으로 안고 있는 문제들을 지자체와 함께 학교 안에서 통합적으로 풀어갈 필요가 있다.

먼저 다문화 학생들과 한국 학생들이 상호 이해적 훈련과정의 교육과정이 필요하다. 온 학교가 다문화 학생을 이해하고 차별하지 않고 함께 지내는 법을 배워야 한다. 한국 학생들도 편견을 갖지 않고 더불어 살아갈 수 있는 교육을 교육과정에 넣어 하나 됨을 이루어 가야 한다. 한두 번의 특별한 수업보다는 학교의 교육과정에 반영하여 꾸준하게 지도할 필요가 있다. 통합사회에 필요한 역량을 교육과정 운영의 핵심 역량으로 편성하여 학교 구성원이 함께 노력해야 한다. 특히 아이들이 혼란스러워하는 정체성을 함께 다루어 한국인 또는 국제사회의 일원인 그들이 다문화에 대한 자긍심을 가질 수 있도록 도와야 한다.

두 번째 기초학력을 강화할 수 있는 기초학력 전담기구도 필요하다. 한글과 수학 등 상위기관으로 갈수록 기초가 탄탄해야 하는 과목들에 대한 지도가 중요하다. 다양한 루트로 내려오는 기초학력 지원 예산을 통합적으로 편성하여 다문화 학생들을 한 명씩 관리하고 다문화 학교라는 큰 이름 아래 함께 운영되어 갈 필요가 있다.

세 번째 학교 안에 지자체와 통합한 복지정책을 적극적으로 펴야 한다. 복지부를 업무로 편성하고 다문화 가정지원센터 등 지자체 기관과 협력하여 효율적으로 학생의 가정을 지원해주어야 한다. 지자체도 외부에서 찾아다니는 것보다 학교 안에서 학생들을 관리하는 것이 더 효과적일 수 있다. 다문화 학부모의 언어지원과 학교 안내장 통역 등의 지원이 필요하다. 교내에 있는 보건실, 복지기구, 상담실도 힘을 모아 내부의 학생들을 관리하는 시스템이 필요하다.

특히 외국인인 아이들의 경우 병원 문턱이 높아 보건실과 지역의 병원과 연계하여 건강하게 자랄 수 있도록 도울 필요가 있다. 다문화 아이들이야말로 자라면서 얻은 깊은 상처들과 거절감 외로움 등을 적극적으로 상담할 필요가 있다. 중도입국 학생은 갑자기 바뀐 환경에서 적용하지 못하거나 난민으로 입국하는 과정에서 겪은 아픔들을 가지고 있어 상담실의 역할이 크다. 교사 개인의 역량과 헌신에 기대는 것이 아니라 연합하여 아이들을 돕는 시스템이 필요하다.

마지막으로 온 마을이 하나 되어 마을 교육공동체로서 다문화가정을 품는 시스템이 필요하다. 다문화 가정지원센터와 드림스타트 기관에서 학교와 연합하여 위기의 가정을 찾아내고 우선하여 인력을 제공하고, 재정적 지원을 하여 아이를 성장하도록 전방위적으로 도울 필요가 있다. 특히 외국인 어머니들의 언어생활과 한국학교에 학부모교육도 도움이 필요하다. 고립된 생활현장에서의 삶에 대한 상담과 지원도 중요하다고 본다. 사실 현재도 지자체 기관들의 다양한 지원들이 이루어지는 모습을 보며 대한민국의 복지가 나쁘지 않음을 느낄 수 있었다. 다시 한 번 그분들의 노고에 박수를 보낸다. 하지만 학교 차원의 가정통신문 번역과 학부모의 질문에 대한 응답 등 언어지원서비스가 시급하다. 이것이 학생과 학부모가 한국사회의 축소판인 학교에 적용할 수 있게 하는 큰 접점이라고 생각한다.

학교와 마을과 지역이 서로 연결되어 좀 더 효율적으로 다문화 학생과 가정을 아니 대한민국의 한 학생을 길러간다면 어떨까? 학생을 사랑하는 교사의 열정에 기대는 부분이 많아 열정을 가진 교사가 사라지면, 다시 원래대로 돌아가는 안타까운 상황이 아니라 누가 근무해도 다문화 학생과 가정을 향한 지원은 변하지 않는 탄탄한 시스템이 생기면 좋겠다. 가끔은 돌아다니면서 학교와 마을과 지자체를 연결해주고 협력할 수 있는 시스템을 만들어 보는 상상을 해본다.

다시 가정방문 – 부부 통역사

　일주일 전 학급의 다문화 학생의 상담을 위해 가정방문을 하고 왔다. 현재의 학교는 전교생 844명에 다문화 학생이 28명이다. 다문화와 상관없는 일반 학교지만 복도를 다니다 보면 종종 만나게 된다.

　우리 반 한솔이는 아침 일찍 일하러 가는 엄마 아빠 덕분에 학교에 제일 먼저 온다. 아침에 도서관에서 시간을 보내다 교실에 와서 수업이 끝나면 돌봄교실로 가서 있다가, 학원에 가서 엄마를 6시에 만나 엄마 손을 잡고 집에 돌아간다. 엄마가 아침 등교와 집에 가는 길에 함께하며 정성으로 키우는데도, 아이는 몸이 약하고 불안해했다. 그러다 최근에 돌봄교실 친구 축구화와 핸드폰을 숨겨났다가 발견된 일이 있었다. 나와 돌봄 선생님과 부모님 모두 놀랐다. 한솔이가 아직 어려서 그런 거라 걱정하지 말라고 부모님께는 전화로 안심시켜 드렸다. 하지만 부족함 없는 한솔이가 물건에 손을 댄

이유가 뭔지 부모님과 상담의 필요성을 느껴 가정방문을 급히 했다.

그런데, 한솔이 이야기는 제쳐두고 두 분과 함께 앉아 나는 부부 클리닉을 하고 왔다. 필리핀 엄마와 한국인 아빠와 함께 상담하는데 두 분 사이에 언어가 통하지 않아 통역해 드리는 시간을 가졌다. 아버님이 먼저 말씀하셨다.

"내가 소리를 질러서 미안하다고 말해주세요. 사실 아내에게 늘 고마워요. 착하고 우리 한솔이도 열심히 키우고, 집안 형편이 어려운데도 잘 견뎌줘서 고맙지요. 그런데, 마음과 달리 자꾸 소리를 질러요. 내가 나이가 많고 배우지 못해 한솔이 학교에서 보낸 안내장, 알림장을 보기가 힘들어요. 아내는 어리고 똑똑하니까 인터넷으로 통역해서 알아서 했으면 좋겠어요. 그런데 그걸 못하니까 나한테 자꾸 소리를 듣지요."

그동안 얼마나 하고 싶은 말씀이 많으셨는지 계속 말씀하셨다. 일부러 끊고 "제가 한솔이 엄마에게 통역해 드리고 말씀해주세요!" 하고 젊은 엄마에게 영어로 전달했다. 한솔이 엄마 눈에 눈물이 그렁그렁했다. 자신도 남편이 얼마나 사랑하는 줄 알고, 한솔이 안내문도 이해하기 위해 노력을 많이 한단다. 그런데, 화를 자주 내는 것은 힘이 든다고 이야기했다. 다시 아버지께 한국말로 전달해드렸다. 두 분 사이에서 영어와 한국어로 전달해 드리다가, 이렇게 간단한 내용을 서로 주고받지 못한다니 안타까운 생각이 들었다.

한솔이 엄마가 한국에 들어온 뒤 10여 년 정도 익힌 한국말이지만, 일하고 아이 키우느라 바빠 자신의 마음을 표현하는 것까지 익히는 것은 어려웠을 것이다. 이야기 나누다 보니 두 분이 자주 다

투시는 것이 한솔이를 불안하게 했다는 결론이 났다. 두 분도 인정하셨다. 두 분을 바라보며 부탁드렸다. "두 분이 서로 만나서 가정을 이루고 먹고 사시느라 고생이 많으시네요. 한솔이가 민감한 성품인데, 두 분이 싸우시는 모습이 아이를 불안하게 했나 봐요. 또 눈치를 자꾸 보는 것이 아버님이 무서우신 것 같아요. 좀 더 한솔이에게 사랑을 표현해주세요. 어머님에게도 속으로만 말고 겉으로 드러나게 사랑한다고 말씀해주세요. 한솔이에게도 몸으로 시간 내서 놀아주시고, 사랑한다고 꼭 말로 표현해주세요. 한솔이는 엄마 덕분에 영어도 잘하고, 아빠 덕분에 한국말도 잘하는 이중언어를 쓰는 똑똑한 아이예요! 커가면서 장점으로 작용할 거예요." 말씀드리고, 아버님의 분노를 조절하시는 방법을 알려드렸다. 아버님의 불안·초조와 분노가 한솔이에게 미치는 영향이 어떤 것인지 말씀드렸다. 용돈 주지 마시고, 돈으로 아이에게 물건 사주고 할 일 다 했다고 생각하지 마시라고 알려드렸다. 일부러 궁하게 만드시라고 했다. 지금 다 가지면 돈도 돈이지만, 커서 절제하지 못함으로 낳을 결과를 알려드렸다. 인사하고 나오는데 두 분이 계속 인사하시면서 고마워하셨다.

혼란스러웠던 양육방법에 대해 시원하게 답을 드리고, 두 분 사이에 사랑의 다리도 놔드렸으니 그날 나는 밥값을 했다.

며칠 지나지 않아 한솔이는 바로 안정되고 나쁜 습관도 금방 고쳤다. 한솔이에게는 부모님의 풍족한 장난감 학용품보다 두 분의 화목이 더 중요했던 것 같다. 한국의 일반 친구들과 다를 바 없다. 그리고 보니 한솔이 엄마는 아직 30대 초반이고, 아빠와 나이 차이가 꽤 났다. 두 분 사이에 담임선생님이 끼어들어 훈수 드는 것이 우스웠지만, 그만큼 주변에 마음을 나눌 사람들이 없었다는 생각이 들어 너무 안타까웠다. 다문화가정이 건강하게 대한민국에서 살아갈 수 있는 사회가 어서 오면 좋겠다.

수많은 이 땅의 한솔이가 부모님과 잘 소통하고 안정된 관계를 누리면 좋겠다. '다문화' 타이틀이 아닌, 그냥 대한민국 국민의 한 사람으로 묻혀 살 수 있으면 좋겠다. 평범하지만 주어진 재능과 성품을 비범하게 발휘할 수 있는, 그냥 대한민국 사람으로 살아가는 세상이 어서 오기를 기도한다.